お味噌知る。

土井善晴
土井 光

味噌を知る

土井善晴

海を隔てた大陸からもたらされた
稲作と合理精神　と
東アジアの孤島の豊かな自然を背景に育まれた
自然を畏怖し　畏敬の念を持ち
自然と共存共鳴するような
けじめのある清潔な暮らし　が
無理なくむすんで味噌は生まれました。
味噌は生きものです。
穀物を分解する目に見えない菌の活《はたら》きで造られます。
さまざまな意味で
おいしくなれば　発酵
逆にまずくなれば　腐敗です。
菌の種類はいっぱいあって　互いに関連し

いまだによくわからないことの方が多いのです。
自然界に無限にある菌
役に立つ菌もありますが　毒素を持つものも多いのです。
感覚所与の発達した先人は
炊いたご飯に萌える菌から
毒素のない「麹菌」を見出したのです。
千年以上前　平安時代末期には
麹菌の製造販売をする種麹屋
「もやしや」があったそうです。
麹菌(アスペルギルス オリゼ)は
日本にしかない菌なので　国菌と言われます。
味噌だけでなく　酒　醤油　酢　みりん
日本の調味料のすべてが
麹菌から造られています。

お味噌汁という私たちの強い味方

土井 光

何を作れば良いかわからない人、
どうすれば自分の食生活を見直せるかわからない人は
まず味噌汁を作ってみませんか。

私は、一人暮らしをするまで、味噌汁の存在を意識したことはありませんでした。

おかずや主菜にいつも興奮していて、身体を温めてホッとする、という感覚も10代の時はまだわかっていなかった。でも20代になって、さまざまな考え方や年齢の人と出会い、外食も増え、ストレスも感じ、嗜好品を摂取するようになり、味噌汁に目が向いてきたように思います。そして味噌汁の万能性を感じることができました。

仕事に集中する体力のいる若い時期に、健康でいることはとても大事。ハイカロリーで刺激があるものを皆で食べることは、最高に美味しいし楽しい。だけど、味噌汁の作り方、美味しさ、気持ちの良さ、を知っているだけで毎日飲まずとも食生活の質は何かしら変わってくるはず、と思っています。

photo：Miwa Kumon

目次　お味噌知る。

・一〜四でご紹介しているお味噌汁の作り方は、手順を中心にまとめ、調理ポイントを箇条書きにしました。材料の詳細な分量は一部を除き、あえて明記していません。味噌汁を作る時、味噌を計量する人はまずいないし、濃くても、淡くともおいしいと感じればそれでよいからです。

・基本のお味噌汁の作り方、具材、味噌の選び方はＰ10〜31にまとめています。

・本書で表記している1カップは200㎖、大さじ1は15㎖、小さじ1は5㎖です。

基本のお味噌汁

一人分食べ切りのお味噌汁の作り方

①ひと椀の具材と
ひと椀のお水を

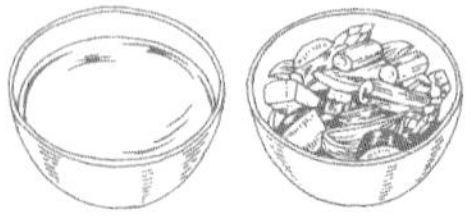

②小鍋に入れて
中火で煮立て

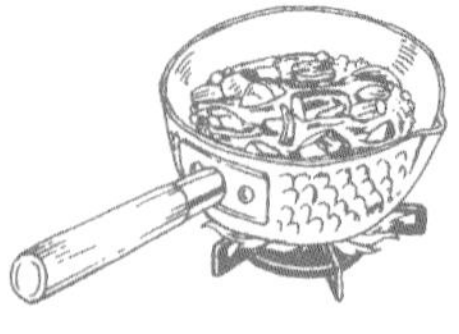

③味噌を溶いたら

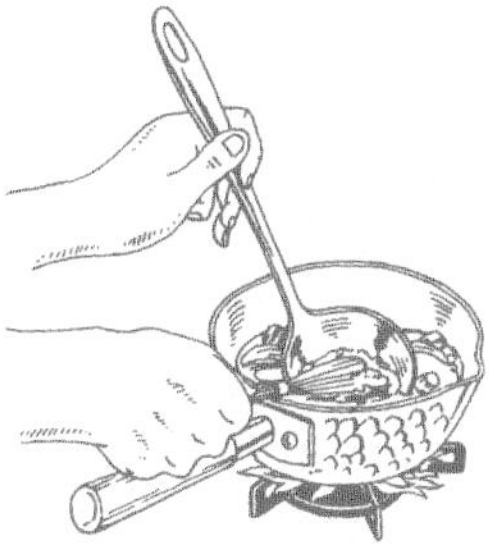

④お味噌汁

これで一人分食べ切りのお味噌汁が出来上がります。自分がいつも使っているお椀を目安の分量にして、具材を適当に煮えやすく包丁で切ったり、手でちぎったりして、ひと椀分を小鍋に入れ、お椀に一杯の水も入れます。お鍋は中火にかけます。強火にしないことで、ゆっくり時間をかけて、煮立つ頃には具材に火が入ります。火を止めて、落ち着いて、適当に、適量の味噌を溶いてください。足りないと思えば、味噌を補ってください。醤油を入れても結構です。味噌汁は濃くても、薄くても、熱くても、冷めてもおいしいのです。味噌に任せておけばいいのです。

お味噌汁の作り方（応用）

基本形のお味噌汁
- ①油炒めのお味噌汁：具材を油で炒める
- ②フレッシュなお味噌汁：「ベースの味噌汁」に別の鍋で調理した具材をプラスする

お味噌汁の作り方には、先の「基本の作り方」に加えて、さらに二つの発展形の作り方ができます。一つは、具材を油で炒める味噌汁。もう一つは、別鍋で加熱した具材を、シンプルなベース（ベースの味噌汁）にプラスして仕上げた味噌汁です。

【基本形のお味噌汁】

お水に具材を入れて火にかけ、具材に火を通し、味噌を溶いて仕上げるもの。すべての具材から溶け出した味が集まって、ひとつのおいしさが生まれます。

［お水＋具材＋火入れ＋お味噌］

【① 油炒めのお味噌汁】

具材を油で炒めて旨みを引き出してから、水を加えて火を通して、お味噌を溶いたもの。油のコク（旨み）でひと味深くなって、満足感の強い味噌汁になります。

［具材を油炒め＋お水＋火入れ＋お味噌］

【② フレッシュなお味噌汁】

ベースの味噌汁（お水＋煮干し〈昆布〉＋火入れ＋お味噌）をお椀によそったところに、別鍋で火入れした具材をプラスしたもの。味噌汁と別鍋で料理されたものが出合った新しい味噌汁になります。

［ベースの味噌汁＋別鍋で火入れした具材］ （P17参照）

この3種の作り方を、暮らしの場面や具材に応じて、使い分けるといいでしょう。

味噌の分量の目安

【大きめ椀に1杯分の味噌汁】

煮初めの水分量1・5カップに対して、米味噌、豆味噌では18〜20g程度。白味噌では30gほどです。

【小椀に1杯分の味噌汁】

煮初めの水分量1カップに対して、米味噌、豆味噌では13g程度。白味噌では20gほどを目安にします。

でも、実際に味噌を溶く時、分量を計量する人は滅多にいないと思います。生まれて初めて作るとき、目安に「これくらい」と目で覚えるようにします。汁の色を見て、濃度を確かめて、目分量で作ります。あとは、慣れ、だんだんと味が決まるようになるものです。

この分量は、50人分、100人分と大量に味噌汁を作る時の目安にしてください。

味噌は漉すかどうか

味噌は味噌の素材である米や大豆が微生物によって分解、発酵によって、おいしさと健康につながるアミノ酸などを造り出すのです。ですから、いい味噌とは、微生物がよくはたらいた熟成期間の長い、よく醸された味噌ということになります。

味噌によっては未分解な米や大豆が残るので、味噌漉しで漉します。ですからよい味噌だと、漉さなくてもいいのです。味噌の良否にかかわらず、漉さなくてよいようにあらかじめ漉したのが「漉し味噌」です。それに対して漉してない味噌は「つぶ味噌（粗味噌）」と言われます。

味噌を溶くタイミングは、具におよそ火が入ったときです。

コンロに火がついていて、手が熱くなるようなら火はとめます。また、火がついていると気持ちが焦るので、火をとめる、または火から下ろして落ちついて味噌を溶きます。

味噌の溶き方は、味噌を小鉢にとって、鍋の汁を少し加えて味噌を溶いて、鍋に戻す。または、小さな泡立て器を用意して、泡立て器で味噌をすくい、玉じゃくしの中で、泡立て器の味噌を溶きます。

水と具材

お水とだし汁について

だしをとらないとお味噌汁はできない、おいしい味噌汁はできないと言われてきました。味噌汁のおいしさの根拠はだし汁（単純）ではありません。おいしさはもっと複雑な科学変化と情緒によるものです。

最近では、野菜クズを煮出したものもベジだし（汁）と言うように、だし汁の定義は曖昧です。要するに、野菜、肉魚を煮ると、あらゆる食材から物質が溶け出して旨みのある水溶液（だし汁）になるのです。味噌汁を作るのに、だし汁（鰹と昆布）は不要です。水で具材を煮て味噌を溶く、それだけで充分と心得てください。

水だけでよいことを強調するのは、味噌汁を作って飲むことが大事だと考えているからです。もちろん、だし汁をとって味噌汁を作ってもいいし、シンプルな味噌汁であれば飲み口のいいまろやかな味噌汁になります。

お味噌汁の具材になる煮干し、昆布

だしがよく出て、しかも食べられる具材が、煮干しと昆布です。煮干しからカルシウム、昆布から食物繊維が摂取できます。家族に味噌汁を作る人の願いは家族の健康です。それなら常備して、具材と一緒に、煮干しや昆布をぽいっと入れておくといいと思います。また、前出のフレッシュな味わいの「ベースの味噌汁」にもなりますね。

ベースの味噌汁の作り方

【1杯分のベースの味噌汁】
水1カップ、煮干し2本(または昆布1~2枚)、赤味噌13g程度。
鍋に水と煮干し(または昆布)を入れ、中火にかけてゆっくり煮立て、味噌を溶く。
湯に味噌を溶くだけでもOK。これも味噌汁です。

お味噌汁の具材の下ごしらえ

野菜は水煮することでアクが抜けて、歯ごたえがよくおいしく食べられます。お箸でつまめるほどの大きさを一口大と言いますが、火が通りやすい大きさでもあります。火の通る時間はそれぞれの野菜の特徴を示しています。野菜を知ることで季節が楽しめます。若い人は、ガリっとした食感もおいしいものですが、お年寄りには、ポタージュスープを作るように柔らかく煮てあげてください。煮るうちに湯が少なくなれば、水を足してください。

[キャベツ・ねぎ・ブロッコリ・菜花・アスパラガス、小松菜　緑色の野菜]

葉物は、手でちぎっても、折っても大丈夫です。

大きな葉っぱも、硬そうな軸も火が入れば、ちゃんと食べられます。葉物はだいたい生でも食べられますから、硬くても柔らかくてもおいしくいただけます。

ちなみに、青い野菜を茹でる時は沸騰した湯に入れるのがセオリーですが、少量作る味噌汁であれば、すぐに煮立ちますので、水から入れても、色は鮮やかに残ります。

［ほうれん草などのアクの強い野菜］

油で炒める、または、下茹でしてから、味噌汁に仕立てます。下茹でした方がえぐみを感じません。でも、少量であれば直接入れても気にならないでしょう。

［かぼちゃ・ゴーヤー・ピーマン・パプリカ・茄子・きゅうり、いんげん豆・トマトなどの緑黄色野菜］

葉物野菜に比べて、火が通るまで少し時間がかかります。だいたい7～8ミリ厚ほどに切れば、水から入れて、中火（弱め）にかけ、煮立てばおよそ火が入っています。少し硬めが気になれば、もう少し水を足して柔らかく煮てください。トマトは大きめに切ってください。

個体が大きくても、煮る時間を長くすれば、柔らかく火が入ります。皮、種やワタは、取り除いても、どちらでもいいでしょう。私はそのまま煮た方がおいしく感じます。食べるときに気になれば、口から出せばいいと思っています。

［じゃが芋・さつま芋・里芋などの芋類］

里芋は皮をこそげる（擦る）。皮がうまく取れなければ、包丁でむきます。5〜7ミリ厚に切ります。

さつま芋は、皮付きのまま1センチ厚くらいに切ります。皮を厚めにむいて、大きめに切ってゆっくり火を通すのもおいしそうです。

じゃが芋は、皮をむいた方が煮えやすく柔らかく食べられます。1センチ厚くらいに切ります。

［蓮根・牛蒡・大根・にんじん・根菜類］

根菜とは地面の下、土の中で大きくなる野菜です。

ほかの野菜と比べて、火が通りにくいものです。

味噌汁には、食べやすい大きさ、厚さ3〜5ミリくらいの薄めに切ります。

牛蒡は、鉛筆を削る要領で、ささがきにするとよいですが、斜め薄切り、また縦に棒状に切ってもいいです。収穫したものは、土がついていますから、タワシで洗います。

蓮根は皮付きでも大丈夫ですが、見た目などが嫌であればむいてください。

【肉類などの油脂、タンパク質を含む食材】

肉類や卵など、油脂やタンパク質を含む食材は、具材から旨みが出て、味噌汁をおいしくします。しっかりとおかずになる味噌汁を作りたい時には、肉類や魚介を入れるとよいでしょう。

［鶏肉・豚肉（牛肉）］

鶏の胸肉、もも肉。豚のバラ肉、もも肉など脂身の多い少ない、値段もいろいろあります。どんな部位でもＯＫです。味噌汁には好みの薄切り、３〜５ミリくらいまでの厚みに切ります。

［魚介の缶詰］

ツナ、鰯、鯖、あさり、帆立貝、など。缶汁ごと入れても、おいしくなります。

［ソーセージ・ハム、ちくわ・かまぼこ・さつま揚げ］

そのまま食べられるものですが、味噌汁に入れるとだしがよく出ます。食べやすく切ればいいです。

【油揚げ（薄揚げ・厚揚げ）】

野菜、豆腐と相性がよく、汁の味をとてもよくします。

薄揚げは短冊切り（3～10ミリ幅）、厚揚げは食べやすく切ります。

【豆腐】

昔ながらの毎日食べても飽きない食材です。

賽の目に切ります。スプーンですくい取っても（すくい取り）いいでしょう。大きな豆腐は芯まで熱くするのに少し時間がかかるので、水からゆっくり温めます。豆腐から味はあまり出ないので、油揚げや若布と併用します。

【特にだしの出る乾物食材】

乾物は日持ちがするので、常備しておくと便利。だし汁をとるだけでなく、そのまま食べられる食材でもあります。

【煮干し（片口鰯などを茹でて干したもの。西日本では「いりこ」と言います）】

片口鰯などを海水で茹で干したもの、または煎ったもの。銀色をしたきれいなものが上質。一概には言えませんが、瀬戸内の伊吹島産など質のいいものはそのまま使っても臭みはありません。見た目にも黒く傷んで、品質が落ちたものは、はらワタと頭を除いて用いることで臭みは出にくくなります。味噌汁には一人分で2本くらいです。煮干しは具としても食べれば、カルシウムが摂れるので、とりあえず入れておくことが多いです。

【干しえび、干し貝柱など（煮干しの仲間です）】

水に浸して柔らかくなれば、だしが出ています。味噌汁には、最初から適当に入れておけば、だしが出ます。

【昆布（日高昆布・利尻昆布・真昆布など）】

日高昆布は、棒状で昆布巻きに用いる昆布です。身が薄くて煮ると比較的早く柔らかくなって、だしも出て、家庭では使いやすい昆布です。平らにのして加工された上等の利尻昆布や真昆布は、料理屋で吸い物のだし汁（一番だし）をとるのに用いられています。

【削り節（鰹・鯖・鰯）】

鰹節は削り節の中でも上等で臭みがありません。鯖、鰯をブレンドした混合削り節は、濃いだしがとれる分、魚の臭みは多少あります。
削り節をそのまま味噌汁に入れると食べにくいので、別にだしをとって使用することが多いです。
だし汁は水、削り節、昆布などを一緒に入れて、中火で煮立てて漉したものが、味噌汁、煮物にも使う二番だしです。ちなみに一番だしとは、お吸い物専用にとられた料理屋の上等なだし汁です。

[干し椎茸]

椎茸は干すと旨みと栄養価が高くなり、保存できます。水に浸してつけおき、柔らかくなれば濃いだし(戻し汁)が出ています。一時間、案外時間がかかりますから、ポリ袋に入れて冷蔵庫で戻してもよいでしょう。食べやすく切り、だし汁(戻し汁)は濃いので薄めてもよいでしょう。

[切り干し大根・ひじき・ゼンマイなど]

水戻ししたものを、それぞれ煮て食べるのが普通ですが、味噌汁にも入れられます。

【ちょっと変わった具材】

他に大根おろし、おから、納豆、キムチなども味噌汁に入れられますし、前日に残ったおかずの唐揚げ、餃子なども、味噌汁に入れると柔らかくなって食べやすくなります。

あんこの入った蓬餅をお味噌汁にしたことがありますが、これも案外おいしいものです。自分で食べるものであれば、カマンベールチーズでも、バターでも、何でも、いけるかなと思ったら、試してみたらいいと思います。ただし、ほかの人の飲む味噌汁に断りもなく、入れたらダメですよ、これは自分だけの楽しみです。

お味噌いろいろ

味噌汁が日本人の健康な身体作りに貢献してきたことは間違いのないことでしょう。江戸時代の『本朝食鑑』に「腹中をくつろげ、血を活かし、百薬の毒を排出する。胃に入って、消化を助け、元気を運び、血のめぐりを良くする。痛みを鎮めて、よく食欲をひきだしてくれる。嘔吐をおさえ、腹下しを止める。また、髪を黒くし、皮膚を潤す」とあります。徳川家康は、味噌汁を好み、毎日欠かさず飲んで、当時としては驚異的な75歳の天寿を全うしました。病気にかかったから対処する現代医学は効果がありますが、予防という観点では、伝統的な味噌の方が優れているように思います。元気なうちにおこなう予防効果の証明は難しいですが、若い人、子供たちに味噌汁を飲む習慣を取り戻してください。味噌は、腸内細菌によくはたらいて、体調を調節する機能を持つ食品です。

味噌の種類

味噌には大きく分けて、大豆を主原料とする「豆味噌」、最もポピュラーな米麹と大豆を原料にする「米味噌」、また九州地方などに多い麦麹と大豆を原料にする「麦味噌」、それに米麹を贅沢に使った西京味噌と言われる関西地方の「白味噌」があります。また、それぞれの風土と伝統に育まれた、その土地ならではの豊かな風味を持つ、味噌が多くあります。色の濃い順番にご紹介すると、次の4種類があります。

【豆味噌】
色は赤褐色で濃く、濃い旨みが特徴。なかでも、伝統的な製法の東海豆味噌は2年以上と熟成期間が長く、大豆の旨みを凝縮した濃厚なコクと少しの酸味、渋み、苦みがバランスのよい味噌です。甘みが少ないので、魚介によく合い、また夏場に重宝します。

【米味噌】

黄色味を帯びた淡色で、熟成期間が長くなるにつれ、濃い褐色になります（メイラード反応）。一般的には、赤味噌と言われています。もっとも標準的でバランスのよい味噌で、全国で造られ、淡色から濃い色まであります。どんな具材にもよく合う味噌です。

【麦味噌】

淡色系のものから褐色まであり、麦の香ばしい風味が特徴です。甘口・辛口があって全国のスーパーでも求められます。九州地方では甘口の麦味噌は白味噌と呼ばれ、親しまれています。どんな具材にもよく合う味噌です。

【白味噌】

色は、白っぽいたまご色です。塩分が少ないのが特徴です。米味噌は色の違いによって、赤味噌、白味噌と区別されます。関西の白味噌は西京味噌とも言い、熟成期間の短かい早造りの味噌で、風味豊かな甘さを特徴として、正月の祝い事を始め、ご馳走料理に用いられます。塩気が少ないのでその分使用分量は多くなって、とろみが強くクリーミーな汁になります。

合わせ味噌について

味噌は1種でもいいし、自由にブレンドしてもよいのです。
味噌は食事(季節・時間・おかずの有無・具材)によって
味(甘み・辛さ・渋み・濃淡)、色(褐色、淡色、白)、
とろみ(濃度)などを自由に好みに、気分によって調えられます。

A 豆味噌

渋味と酸味のバランスがよく、熟成期間の長い味噌です。

B 赤味噌

辛すぎず、甘すぎず、飽きることのない味わいが特徴です。

C 白味噌

米麹をたっぷり使った白味噌は、フレッシュなお味噌です。

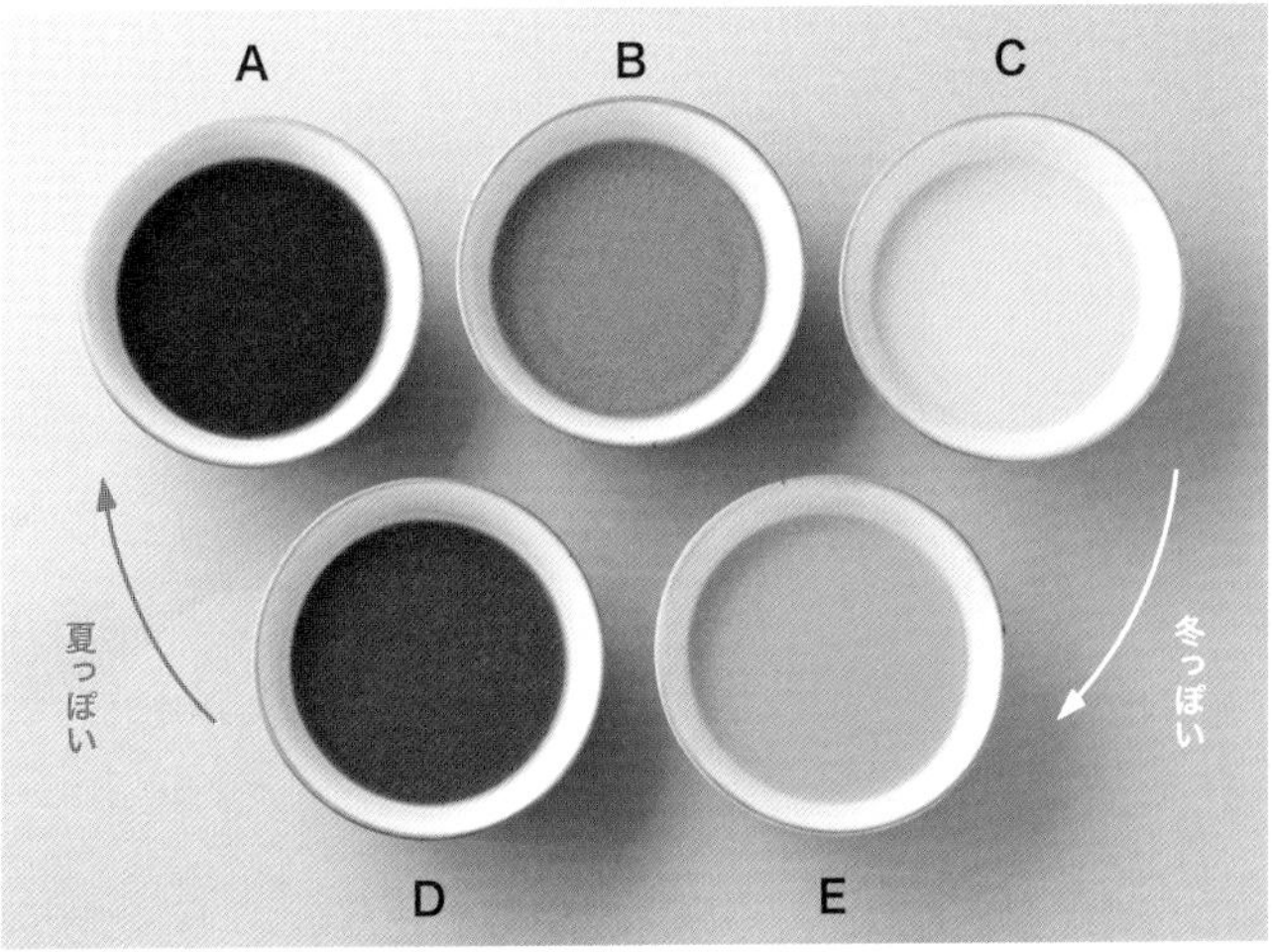

D 赤だし味噌

豆味噌、赤味噌などを味噌屋がブレンドしたものが販売されています。

E 赤味噌：白味噌＝1：1
の合わせ味噌

白味噌の甘味が加わって、秋や初冬など少し寒くなってきた頃にふさわしい味わいです。

味噌の選び方

子供の頃から慣れ親しんだお味噌を基本にすればいいですが、もしなければ、伝統的な昔ながらの製法で造られた米味噌(赤味噌)をまずは選んでください。見た目には、味噌の「冴え」と言いますが、濁りのないもので透明感のあるものを選んでください。それは後口のよい、すっきりとした味噌です(値段の安い味噌には、新技術でひと月ほどで造るなど、極端にコストを抑えたものもあり、本来の価値のないものもあるので、ご注意ください)。

合わせ味噌

味噌は一種類をそのまま使っても、ブレンドして数種類を合わせて使ってもいいのです。一般的に、夏場は甘みが少ないものが好まれ、冬場は甘みの強いものが好まれるようです。赤い米味噌を基本にすれば、気温が下がると白味噌を混ぜて色を白っぽくします。いつもの味噌汁にとろみがついて、温まります。暑い夏場は、豆味噌を混ぜてもいいですが、味噌屋でブレンドして調えた「赤だし味噌」が売られています。また、パックに少し残った味噌なども、ほかの味噌に混ぜて使い切ります。

味噌と醤油

味噌と醤油は同じ発酵食品です。合わせると相乗効果でひと味おいしくなります。旨み成分は味噌よりも、液体の醤油の方が多く含まれています。具材を煮て、味噌を溶いた時、ちょっと物足りないと思ったら、醤油を少し垂らせばいいですね。味がぎゅっとしまるので、最初から味噌を少なめに入れるというやり方もあります。

味噌汁には、人それぞれの立場や、場面に合わせた作り方があります。
そうした状況をふまえて、
五つのテーマに分けたお味噌汁を紹介します。

［一、自立の味噌汁］

一人のときもしっかり健康を整えて、生きていくために。
「料理して食べる」を実現するための味噌汁です。

［二、家族の味噌汁］

忙しい日でも自分一人でなければ、料理する人は食べる人（家族）を
自然と思うもの。具材を調え、見た目にもよい味噌汁を作ります。

［三、組み味合わせる味噌汁］

おかずがあれば、味噌汁の具はほかのおかずとの
バランスを考えて作ります。味の濃淡もポイントです。

［四、季節の味噌汁］

季節の旬を家族で楽しむ。季節を意識するだけで、
暮らしが豊かに、心深いものになるでしょう。

**［五、味噌料理、
スペシャルな味噌汁］**

味噌を調味料として楽しむレシピです。
また、麺や鍋など味噌汁から派生したお料理を紹介します。

一、自立の味噌汁

（善）料理って自立やろ。

（光）自分自身で自分のお世話をする。その時の自分の体調を汲み取ってお料理できるって結構凄いことかも。

（善）それを助ける自立の味噌汁は、一品で完結できるもの。

（光）大きめのお椀で丼や麺のように、主菜として考えると難しくない。自立した味噌汁を作って安心や自信を持てたらよいね。

落とし卵といろいろ野菜の味噌汁

Point

卵を入れる

卵を入れれば、味噌汁が主菜になります。
卵は、みんな大好きだと思います。毎日でも飽きることはありません。

落とし卵といろいろ野菜の味噌汁

具材　　玉ねぎ、にんじん、かぼちゃ、アスパラガス、ベーコンなど
水分　　水
味噌の種類　赤味噌
　　　　卵

一人前のお味噌汁は、お椀に1杯分の食べやすく切った具材と、お椀に1杯分の水。これを鍋に入れて中火にかけ、煮立てば、味噌を溶いた後、卵を小鉢に割り、そっと汁に入れて半熟程度に火を通します。卵を入れてからの時間で、ほかの野菜も柔らかく煮えます。かぼちゃなどが煮くずれても失敗ではありません。その方がおいしいくらいです。

お椀によそう時は、半熟の卵はくずさないように最後に上にのせると、きれいに見えます。

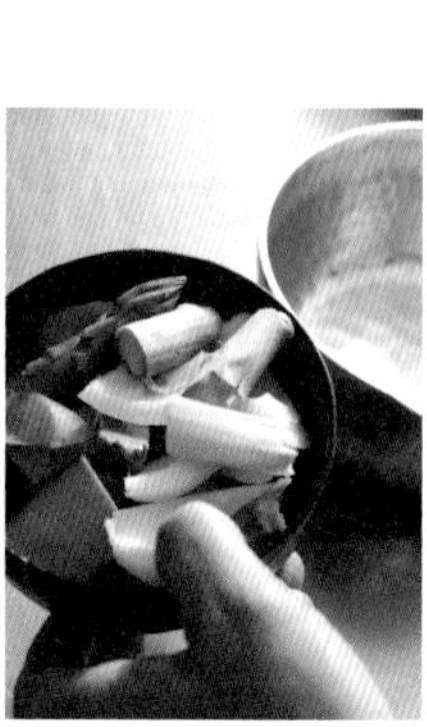

［調理のポイント］

・卵を小鉢に割ってから、煮汁が煮立ったところにそっと流し入れます。卵が汁から飛び出していたら火が入りません。煮汁の中に卵が沈むように整えます。

・【落とし卵の作り方】卵は、別鍋に沸かした湯（3㎝ほど）の煮立ちを止めて、卵をそっと落として火を通すと落とし卵（ポーチドエッグ）ができます。湯に酢を入れるとタンパク質が凝固するので、白身が固まってよいとされていますが、表面が硬くなるので、私は入れません。また、近年卵は鮮度がよくなっていますから散らばらず、酢は不要です。

炒めキャベツの味噌汁

Point

油で炒める

キャベツを油で炒めると甘みが出ておいしくなります。私も好きでよくやります。

具材を油で炒めると、味噌汁はひと味グッと味わいが強くなります。油脂も旨みと考えてください。煮干しを入れるともちろんだしになりますが、食べればカルシウムを摂ることができます。

炒めキャベツの味噌汁

具材　キャベツ、ブロッコリ、鶏胸肉
だしが出るもの　煮干し(いりこ)
水分　水
味噌の種類　赤味噌

鍋に油と煮干し、適当にちぎったキャベツを入れて、中火(強め)にかけて焼き炒める。焼き炒めるというのは、さわらず、焼き色がつくまで待つことです。食べやすく切ったブロッコリ、鶏肉を入れて、水を入れます。水を入れる時、鍋が熱くなっているため、とても大きな音がするので、注意。キャベツが柔らかくなるまで煮て、味噌を溶いて、さらに馴染む程度に煮ます。

［調理のポイント］

・【野菜炒め】 キャベツを炒める時、箸でさわりすぎると鍋の温度が下がって、焼き色もつかずに野菜から水が出てくることがあります。 野菜から水が出ると味を悪くします。さわらず、焼き色がつくまで待つ。 待つことも料理です。「焼き炒め」とは、フライパンなどで炒める意味ですが、焼くことを強調して言った言葉です。 片面からのみ火を通すことになりますが、熱の直接当たらない上部も蒸気で蒸されて、火は通ります。

・鶏肉は、包丁の元でコツコツ叩いてから、切ると、火が通っても硬くなりにくいです。

豆腐と卵、白味噌が入った味噌汁

Point

味噌を取り合わせる

肌寒い日、口当たりの柔らかな食材を煮て、赤味噌に白味噌を加え合わせ、甘めに仕上げると、身も心も温まる優しい味噌汁になります。具材の食感（テクスチャー）を考えて、取り合わせるといいでしょう。

豆腐と卵、白味噌が入った味噌汁

具材　絹ごし豆腐、乾燥若布、えのき茸
水分　水
味噌の種類　赤味噌・白味噌
卵

鍋にお椀1杯の水を入れてから、えのき茸を半分の長さに切って入れ、豆腐を（容器からそのまま）お玉を使って、まぁるくすくい取って、鍋にそっと入れます。中火にかけてゆっくり煮立て、赤味噌と白味噌を加えたら、若布を加えます。卵を小鉢に割ってから、そっと汁に入れて半熟程度に火を通したら、卵を割らないようにお椀によそいます。

［調理のポイント］

・いつも使っている赤味噌に、白味噌を合わせることで、味噌汁に甘さととろみをプラスできます。麹がたっぷりの白味噌は塩味が薄いので、少し多めに使っても塩気は気になりません。

・お豆腐は口当たりのいいのは絹ごし豆腐、しっかり豆味のあるのは木綿豆腐です。好みでどちらでも構いません。お店によっては、柔らかい木綿豆腐もあります。豆腐もいろんなものがありますから、自分がおいしいなと思うお豆腐を見つけてください。

野菜とソーセージの味噌汁

Point

パンに合わせて

野菜を、いろいろ集めて味噌汁に仕立てました。色は力、元気が出ますね。トマトの酸味、きゅうりの口当たり、香りのいいパセリも入れてみました。おいしくなります。味噌汁は気分に合わせてパンでもOK。バタートーストによく合います。

野菜とソーセージの味噌汁

具材　トマト、きゅうり、赤ピーマン、玉ねぎ、かぼちゃ、パセリなど
　　　ソーセージ

水分　水

味噌の種類　赤味噌

具にしたソーセージは食べ応えがあり、また、だしもよく出ます。食べやすく切った野菜（パセリ以外すべて）と、お椀1杯の水を鍋に入れて火にかけます。煮立てば、野菜の中でも硬そうな野菜、この場合は大きめに切ったかぼちゃが一番火が通りにくいですから、串を刺して硬さを確かめて味噌を溶きます。パセリを最後に入れて、馴染む程度に煮ます。

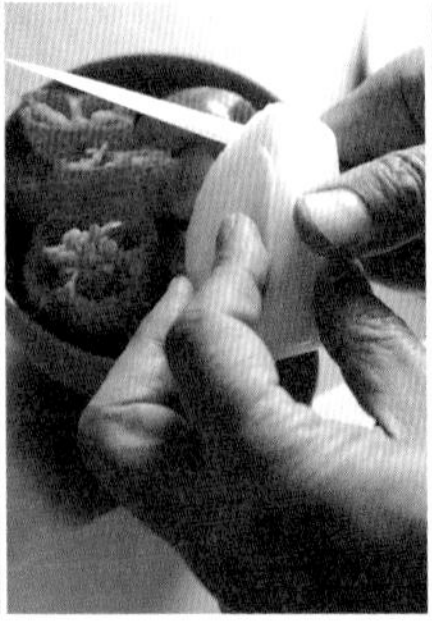

［調理のポイント］

・水分を多く含む野菜は、煮ると野菜から水が思っているよりもたくさん出てくるので、最初から水分は少なめにするとよいでしょう。逆に水分が足りないなと思えば、後から追い足せばいいです。

・かぼちゃや赤ピーマンなど種は除かずに煮込みます。種やワタからは旨みが出ますし、食べられないものは、食べながら除いてください。

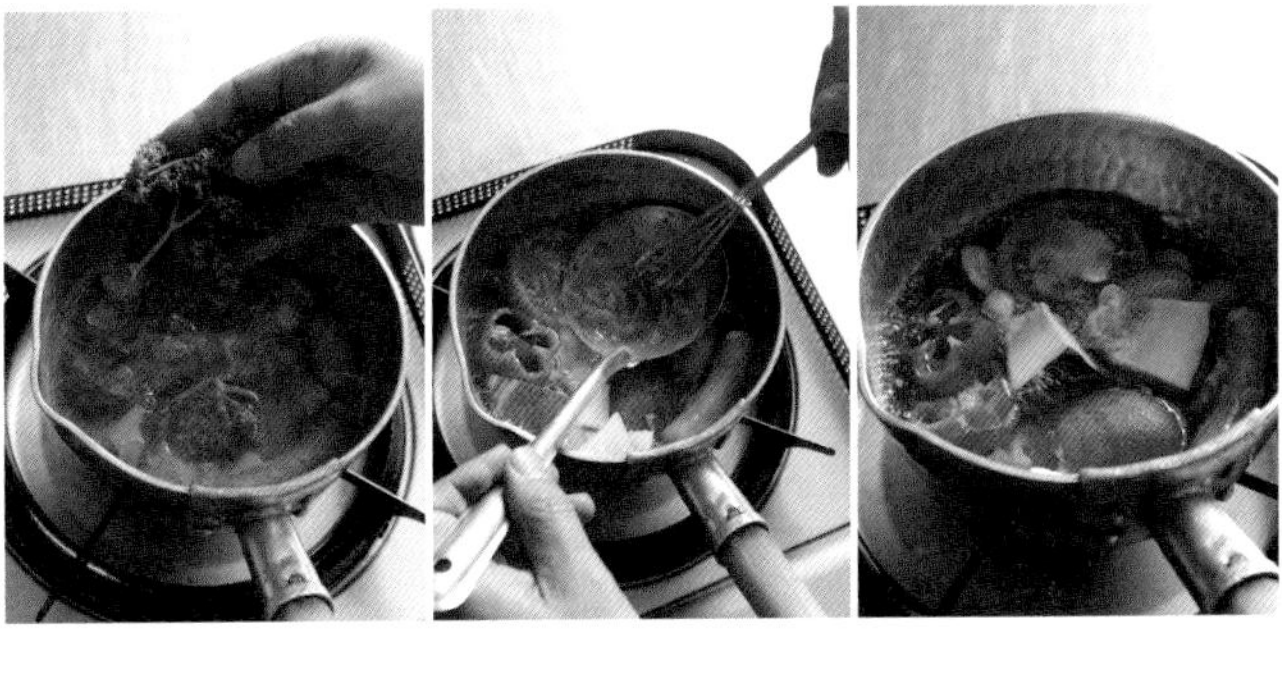

里芋と油揚げの入った味噌汁

Point

油揚げで乳化

里芋に、大根、椎茸、根菜を集めると和食らしい味噌汁になります。油揚げは昔から味噌汁のよき相棒。旨みがぐんと増す食材で、ひと味奥行きが生まれます。油揚げは食べ応えがあって、何にでも使えるので常備してもいいですね。

里芋と油揚げの入った味噌汁

具材　里芋、大根、椎茸、ピーマン、油揚げなど
だしが出るもの　煮干し（いりこ）
水分　水
味噌の種類　赤味噌
トッピング　七味唐辛子

具材はそれぞれ食べやすく切ります。お椀1杯のすべての具材、煮干し、お椀1杯のお水を鍋に入れて、中火にかけます。煮立てば、里芋などの火の通りが遅い食材の煮え加減を確かめて、だいたい通っているなと感じたら、味噌を溶いて、さらに馴染む程度に煮ます。お椀によそい、好みで七味唐辛子をかけてもいいでしょう。

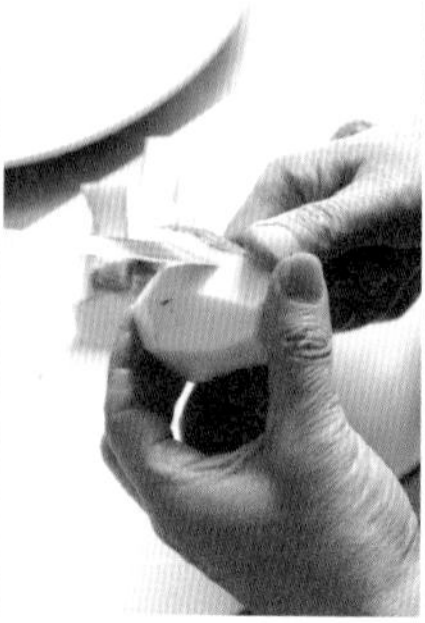

［調理のポイント］

・秋の新物の里芋であれば皮もむきやすいのですが、皮がむきにくいなと思ったら、包丁で面取りするように皮をむきます。味噌汁では厚さ7～8㎜くらいに切ります。

・大根は皮付きのまま煮て大丈夫。鉛筆を削るように（ささがき）、斜めに削ぎ切ると手早くできます。

・生椎茸は、鮮度のよいものは軸をくるりとひねれば手で取れます。軸の先端の硬いところだけ切り落とし、後は小さく切るか割いて、味噌汁に入れてしまいます。

・デンプン質の多い根菜は、水から煮始めるのが基本です。熱湯から入れると、表面が固まって壁になり、火が入りにくくなります（ただし、小さく切った時は、熱湯から入れた方がよいこともあります）。

・火の通りにくい具材は、中火にかけてゆっくりと煮立て、時間をかけることで柔らかくします。しかし、油脂の入った味噌汁の具は、しばらく強火にして煮立てることで、油脂と水が乳化してとろみになって、おいしくなります。

そうめんの入った味噌汁

Point

麺でボリュームアップ

茹でたそうめんを味噌汁に入れて、ボリューム感を出します。口当たりよく、食べやすいものです。ご飯が少ない時、またご飯がなくても、そうめんを入れたこのひと碗に、一汁一菜の内容がすべて揃っています。

そうめんの入った味噌汁

具材　赤パプリカ、トマト、オクラ、そら豆など
炭水化物　そうめん（茹でて取りおいたもの）
水分　水
味噌の種類　赤味噌

具材はそれぞれ食べやすく切ります。お椀1杯の具材、お椀1杯の水を鍋に入れて、中火にかけます。煮立てば、味噌を溶いてから、茹でおいたそうめんを適量入れて煮込みます。お椀によそい自分で味噌を補い、汁に溶きながら食べるのもおいしいです。

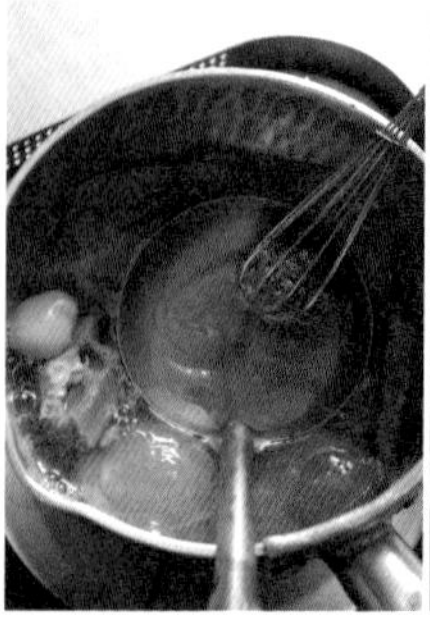

［調理のポイント］

- 茹でたそうめんは、しっかりと押さえつけて水気を除き、ポリ袋に入れて冷蔵庫で保管すると日持ちします。固まったそうめんはさっと水洗いして味噌汁に加えます。
- 【そうめんの茹で方】鍋に湯を沸かして、そうめんを入れ、再び煮立ったところに差し水をして煮立ちを止めます。再び煮立てば、およそ火が入っていますが、少し煮たところで湯切りして水に取り、冷めれば、流水でもみ洗いしてぬめりをしっかり取ります(冷やしそうめんは、そうめんつゆで食べます)。
- オクラは二つに切って入れました。切り口からぬめりが出ますが、少しであれば気になりません。煮物にする時は丸ごと煮ます。オクラの塩揉みは不要です。

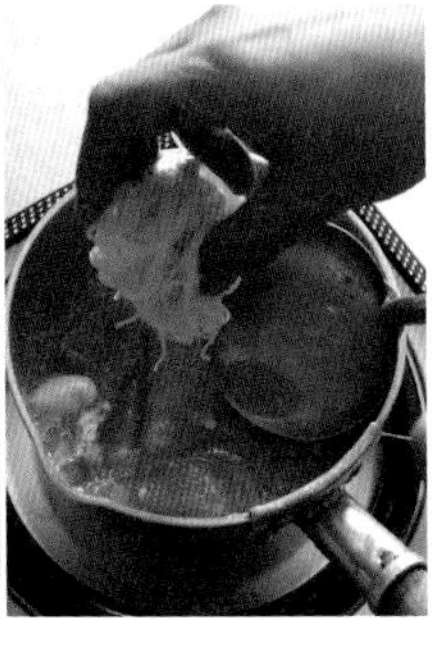

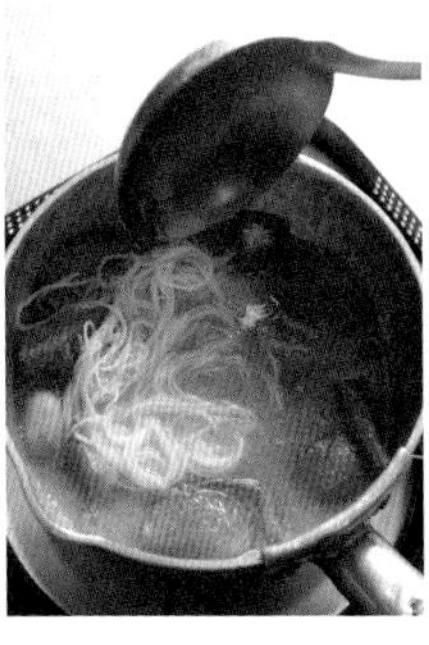

すいとんの味噌汁

Point

小麦粉のお団子

小麦粉を柔らかく練ったお団子を「すいとん」と言います。すいとんはその練り方で硬さが変わります。すいとんを練る小麦粉がとろみになって、とろりと温まるお汁になります。ひと椀で、一汁一菜の要素を満たすお料理です。

すいとんの味噌汁

具材　玉ねぎ、にんじん、ハム、枝豆(茹でたもの)など

炭水化物　すいとん

(すいとんの材料・2人分：小麦粉100g、水大さじ3～4ほど、胡麻油大さじ1)

水分　水

味噌の種類　赤味噌

玉ねぎとにんじんは薄切りにします。鍋に人数分の水、にんじん、玉ねぎ、ハムを入れて中火にかけて煮立てます。汁が煮立つ間に、すいとんの生地を作ります(左ページ参照)。

鍋にすいとん生地をスプーンで落とし入れ、すいとんが透きとおるまで煮ます。彩りに枝豆を入れ、味噌を溶いて全体を馴染ませます。

〔調理のポイント〕

・【すいとんの作り方】ボウルに小麦粉を入れて、水を少量入れてはスプーンなどで底から上に大きく1～2回混ぜる作業を繰り返す。これを繰り返し、……徐々に混ぜる回数を少なくして……大まかに粉をまとめ、最後に香りのよい胡麻油を入れ、軽く混ぜます。これを味噌汁に落として煮ます。すいとんは、あまり大きく作ると火が通りにくくなります。

餅入り、納豆(なっとう)汁

Point
海苔を使う

見た目が黒くなったのは、海苔を入れたからですね。見た目が悪くなって、やめといたらよかったなあと、後から思いましたが、自分で食べるものだから、そのままいきます。海苔からだしも出ますから。一人で作る料理とはそういうもんですね。でも、味は大丈夫です。食べられたらいいってもんじゃない、料理は見た目も大事だとわかります。

餅、納豆は元気になりそうです。湿気た海苔も味噌汁に入れて使い切りおいしく食べましょう。煮干しも干しえびも入れましたが、両方入れなくてもいいです。入れすぎました、もったいない。

餅入り、納豆(なっとう)汁

具材	納豆、海苔
炭水化物	餅
だしが出るもの	干しえび、煮干し(いりこ)
水分	水
味噌の種類	赤味噌
味の補い	醤油

餅は火の通りを早くするために半分に切り、水から入れて、柔らかく茹でます。

鍋に、餅、干しえび、煮干しを入れて中火にかけ、煮立てば味噌を溶いてから、納豆を混ぜて加え、馴染めば、海苔を入れてひと煮します。

この時、味を見て、足りないと思ったので醤油を垂らしました。

［調理のポイント］

・このお味噌汁を盛った、なます皿は、三平皿と言われることがあります。三平とは李 参平のことで、伊万里で初めて磁器を焼いた陶工の名前です。北海道には三平汁という塩鮭をだしにした汁があります。これも三平皿が由来という説があります。

・お箸で食べる和食の食べ方としては、必ず椀や小鉢は手に持って食べます。手に持てる大きさの鉢は、手に持ち、口を直に当てて、汁を吸っても結構です。大きなお皿は、手に持って食べることはなくて、（おてしょと言われる小皿以外の）皿は置いたまま用いるのが原則です。手に持てる鉢は手に取っていただきます。

ツナ缶と根菜、三つ葉の味噌汁

Point

缶詰は汁ごと

缶詰の水煮缶(詰)は、缶汁をそのまま入れると濃いだし汁になります。缶詰を半分だけ使った時はそのままにしないで、保存容器に移して、冷蔵庫に保管してください。

ツナ缶と根菜、三つ葉の味噌汁

具材　にんじん、牛蒡、三つ葉
だしが出るもの　ツナ缶
水分　水
味噌の種類　赤味噌

鍋に水、ツナ缶を汁ごと入れて、牛蒡はささがき、にんじんは乱切り（にんじんを少しずつ回転させながら切る）にして入れます。中火にかけて、煮立てば味噌を溶いて、しばらく煮て馴染ませます。三つ葉は香りを楽しみたいので最後に加えます。

【調理のポイント】

・牛蒡は黒くなるので、切った牛蒡は水に取るというのがセオリーでした。近年、牛蒡が黒くなるのは含有のポリフェノールのせいだとわかったので、原則、牛蒡は水に取ることをやめました。その方がおいしいです。

・ささがき、乱切りは不揃いであっても構いませんが、揃えようと思って切ればいい感じに切れると思います。ちょっと意識すると腕前は上がります。

・【ささがきの切り方】支点を決めて、手をワイパーのように手首を動かし、少しずつ牛蒡を回転させながら切り進め、ささがきにします。包丁の元の方で切ると厚く、先の方は優しく力が入って薄いものになります。また、包丁の腹を押さえる人差し指の位置で、刃側を押さえる角度がついて深く切り込み、ぶ厚くなります。切る場所、押さえる位置によって、牛蒡の厚み、長さが変わります。ご自分でいろいろ動かし方を試してください。料理はどんどん上手になるのを自覚できるから、おもしろいと思います。

さつま揚げと茄子の味噌汁

Point

練りものは旨み

さつま揚げを入れると、さつま揚げの油味と濃いだし汁が出て、味噌汁をおいしく食べ応えのあるものにします。茄子は薄めに切ると火の通りが早く、色もきれいに上がります。

具材	さつま揚げ、茄子、玉ねぎ、きゅうり、茗荷、青ねぎなど
水分	水
味噌の種類	赤味噌
味の補い	醤油

具材はそれぞれ食べやすく切ります。お椀1杯のすべての具材（茗荷やねぎ以外）と、お椀1杯の水を鍋に入れて火にかけます。煮立てば味噌を溶いて、刻んだ茗荷やねぎを入れたら、馴染ませる程度に煮込みます。

［調理のポイント］

- 茄子のへたの部分は硬いですが、煮ればおいしく食べられます。へたのヒラヒラしたところだけ除きます。
- 味を見て足りなければ、醤油を少量入れます。

ふろふき大根と豚バラ肉の味噌汁

Point 味噌をトッピング

ふろふき大根というのは、冬、大根がおいしい時期に、分厚く切って、たっぷりの湯で柔らかく茹でたものです。ふーふー吹きながら熱々の大根に田楽味噌（味噌に砂糖、酒を加えて火を入れたもの）をつけて食べるのはおいしいものです。大根を茹でる時に昆布を入れておくと、昆布の旨みが染みます。この味噌汁は食べる間際、ふろふき大根の鍋に豚肉をしゃぶしゃぶのように火を通し、大根と肉を煮汁ごとお椀によそったら、味噌を直にのせたもの。味噌を溶きながらいただきます。これを味噌汁と言っていいかわかりませんが、料理とは何か？を思います。

具材　大根、豚バラ肉（厚めのもの）
だしが出るもの　昆布
水分　水
味噌の種類　赤味噌

鍋に大ぶりに切った大根と昆布、かぶるくらいの水を入れて20分以上、柔らかくなるまで炊きます。豚バラ肉を加えて、肉に火が入ったら器によそい、味噌をのせて、溶きながらいただきます。薬味は七味唐辛子を。

［調理のポイント］

- 大根でなくても、根菜は柔らかく茹でれば、味噌をつけて食べられます。こんにゃくもいいですね。その茹で汁に味噌を溶いて、味噌汁にしたものです。
- 大根があれば、とりあえず茹でておくと、食べ方はいろいろできるでしょう。茹でる時に、醤油を入れておけば大根の煮物になることもわかるでしょう。柔らかく煮て冷ます、時間をおけば醤油が中までよく染みます。

うどんとかぼちゃの味噌汁

Point うどんと煮込む

市販の茹でうどんを味噌汁で直に煮込みます。同じように平麺を煮込めば、ほうとうになります。うどんのぬめりはとろみになって、おいしいと思います。ちなみに澄んだだし汁にうどんを入れる時は、粘りが出て濁りますから、うどんを水洗いしてからお汁に入れて温めます。

具材	かぼちゃ
炭水化物	茹でうどん
だしが出るもの	煮干し(いりこ)
水分	水
味噌の種類	赤味噌

かぼちゃは、大ぶりに種やワタもそのままに切って、鍋に入れ、かぶるくらいの水(水はほかの味噌汁よりやや多めにします)、煮干しを入れて中火にかけます。かぼちゃに金串を刺して固茹で程度になっていれば、味噌を溶いて、うどんを入れて煮込みます。水分が足りないようであれば、水でもお湯でも補ってください。

［調理のポイント］

・食材は大きく切って煮る方が、持ち味を失わずおいしいものです。小さく切るのは、早く食べられるように、また小さく刻んで入れれば食材は何でも食べ切ることができるものです。時間があれば、大きく切って柔らかく煮てください。同じ食材でもまったく違う料理になります。

・かぼちゃなどの野菜の種やワタは、きれいに除くのが日本料理だと昔、言ってきましたが、毎日の食事であれば、全部用いることが大事だと思います。手間を省くというわけではなく、野菜の種の周りや、魚や肉の骨の周りはおいしいものです。それは栄養価値もあるからです。

味噌雑炊（ぞうすい）

Point

ご飯を煮込む

ご飯を味噌汁で煮込んだ味噌汁です。冷やご飯が少しあれば、味噌汁で煮込むことで、味噌雑炊になるんですね。具材には、雑炊の口当たりのよさを邪魔しないように、柔らかいものを選びました。卵でとじるといっそうまろやかになって、嬉しくなります。雑炊はできたてを食べるのが一番おいしいです。

具材	なめこ、鶏もも肉、豆腐、卵
炭水化物	ご飯
水分	水
味噌の種類	赤味噌

鍋に水、なめこ、鶏肉を入れ、豆腐をすくい取りにして入れて火にかけます。煮立ったら赤味噌を溶き入れ、ご飯を入れます。溶き卵でとじてお椀によそいます。

［調理のポイント］

- 鶏肉はそのまま食べやすく切ってもいいのですが、包丁の元で、コツコツと両面から叩いてから、小さく切ると、火が入っても柔らかくいただけます。
- ご飯は洗ってから入れてもそのまま入れてもどちらでもＯＫです。水で洗ってから入れると、粘りが落ちて、さらりとした雑炊に仕上がり、そのまま入れると、とろりとした雑炊に仕上がります。季節や気分によって選びます。
- 卵でとじるときは、少し火を強めて、煮汁が煮立ったところに、糸を引くように入れます。

外国でも、味噌さえあれば。

土井 光

外国語で味噌汁のレシピを検索すると、材料の一覧に味噌と出汁が必ずセットであります。外国に住んでいて味噌を調達するのも簡単ではないのに、この情報では出汁まで用意しないといけません。

しかも外国人は出汁ってなんだろう、から入る。また検索し直してみると、昆布、鰹節、顆粒出汁や出汁パック……、はっきり言って外国人には何がなんだか。挙げ句の果てに鰹節を削るところから紹介しているレシピまで(笑)。これじゃあ味噌汁って大変なスープだよね。という印象を持たれるのは当然です。味噌汁を作ろうとして味噌を用意しているのに、味噌汁が作れないのは悲しすぎます。もちろん出汁が効いた味噌汁は美味しい。ですが、味噌を溶くだけでも充分美味しい。何故なら具材がたくさんであればあるほど、出汁が出てくるから。それでも薄いと感じるなら、調味料を足したっていい。味噌を溶かせばすべて味噌汁なんだ。ということを認識してみると本当に簡単なものになります。

フランスにいた頃、友人が自宅で鶏の煮込みを振舞ってくれたのですが、本当に美味しかった。作り方を聞くと、油で皮目を焼いた鶏肉に水と塩を加え、ニンニクとキャベツと人参を一緒に煮込んだものでした。煮込んでいるから旨みが凝縮していますが、煮込まず味噌を入れたら、この本で紹介している味噌汁と変わりはありません。やっぱり味噌を入れたら味噌汁なのです。豆腐や若布といった比較的味の薄いものだと鰹節などの出汁が効いてきますが、味の濃い根菜や肉類が入るのであれば出汁に縛られる必要はない。そう紹介できれば、もっと味噌汁が楽しめるものになるのではないでしょうか。

このことをフランス人の友人に伝えると皆さん納得してくれます。それを踏まえて本来の出汁の話をすることで、もっと日本文化をわかりやすく感じてくれるのではないかと思います。

二、家族の味噌汁

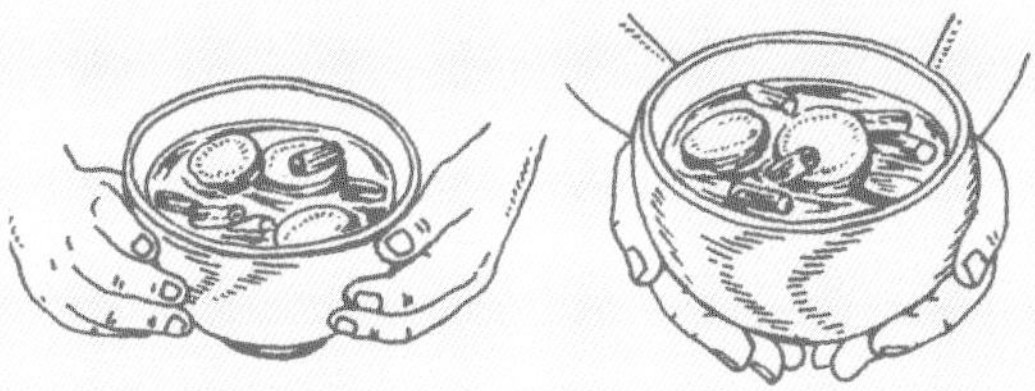

（善）家族の好みにも応えられるお味噌汁やな。

（光）家族の味噌汁は自分の意思より思いやりが強いよね。

（善）それと同時に、余っている野菜や昨日の残り物も入れられる。家族ならそれも受け止められる。

（光）おもてなしの余所《よそ》行き料理とは違って、作ってくれる人の顔が一番見える良いお味噌汁だね。

揚げ卵の味噌汁

小さなフライパンで揚げ卵を作って、出来上がった味噌汁の中に入れる。日常の味噌汁を楽しむための新しい発想です。具材を煮て、その煮汁でお味噌を溶くと、具材と汁が馴染んだふつうの味噌汁ができます。それを、ほかのお鍋で揚げた卵を、お椀によそった味噌汁に入れると、汁と具材にはっきりとコントラストが生まれ、フレッシュ感のある味噌汁になります。違いにハッとするのは、予想をいい方向に裏切られた時ですが、何度でも繰り返し作る味噌汁になるでしょう。パセリの香りにもハッとします。

ベースの味噌汁　昆布、水、赤味噌
具材　揚げ卵（卵1個、植物油大さじ2）、パセリ

ベースの味噌汁を作り、揚げ卵とパセリを入れます。

［この味噌汁から学ぶこと］

・【揚げ卵】卵を溶いて、油大さじ2杯をフライパンに温めて入れると、ぷくぷく膨らみます。大きいですから二つに折って、味噌汁に入れます。ごく短時間で作れます。
・揚げ卵は、具の入った味噌汁にプラスしてもいいし、炒めたご飯にのせて揚げ卵オムライス（！）も。
・揚げ卵には、溶いた卵にパセリ、刻んだきのこ、チーズ、しらすなど、いろいろ混ぜても作れます。
・【ベースの味噌汁】煮干しまたは昆布、水、味噌で作れば、これがベースの味噌汁です。だしの素材は昆布のみ、煮干しのみ、昆布と煮干しの併用でも結構です。だしも出ますが、これを具としても食べてしまおうと思って入れています。鍋に、水と昆布または煮干しを入れて弱めの中火でゆっくり温め味噌を溶きます。味噌は好みのものでどうぞ。

きゅうりとハムの味噌汁

きゅうりの鮮やかな緑がご馳走です。火を入れたきゅうりは珍しいですが、生ばかりでなく、火を通すと柔らかく、色鮮やかで、夏らしい味噌汁になります。厚めに切ったハムと一緒に味噌汁に仕立てました。

ベースの味噌汁　水、赤味噌
具材　きゅうり、ハム

ハムを適当に切って、水とともに鍋に入れ、煮立てば味噌を溶きます。きゅうりは皮をむいて、別鍋で茹でて味噌汁に入れました。さらに馴染む程度に煮込みます。
小鉢はきゅうりの皮を刻んで、少量のお味噌で和えたものです。

[この味噌汁から学ぶこと]

- きゅうりは夏の野菜です。
- いつも見慣れたきゅうりでも、皮をむくこと、火を通すことでサラダ(生)で食べても別の野菜のように楽しめます。皮をむいた、きゅうりは口当たりが優しくなります。
- むいた皮は刻んで味噌で和えたら、酒肴になります。

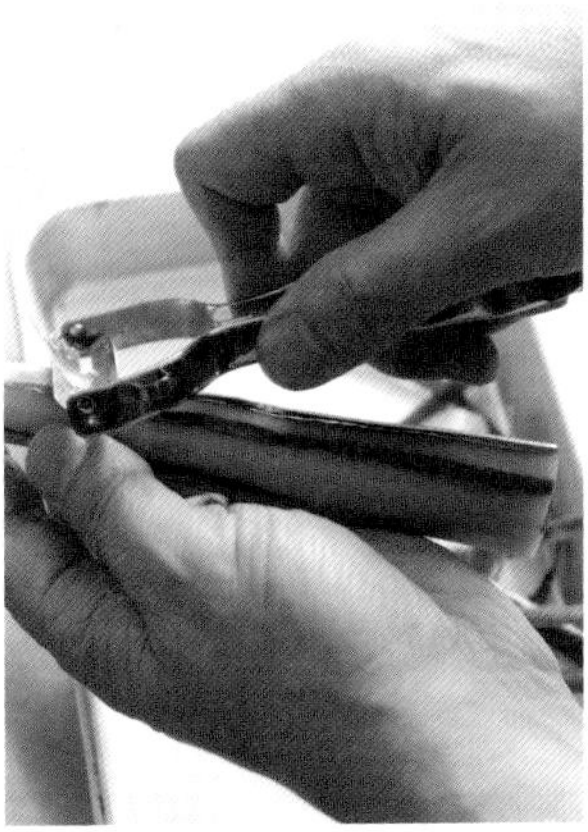

じゃが芋、玉ねぎ、いんげん豆の味噌汁

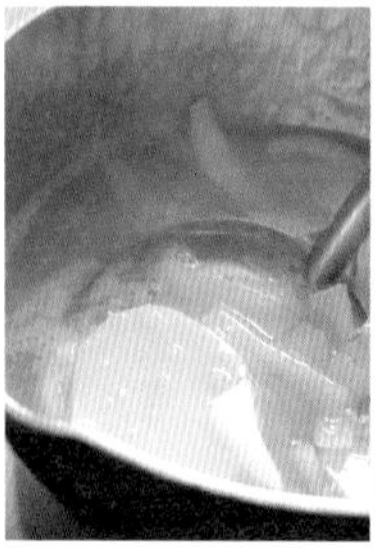

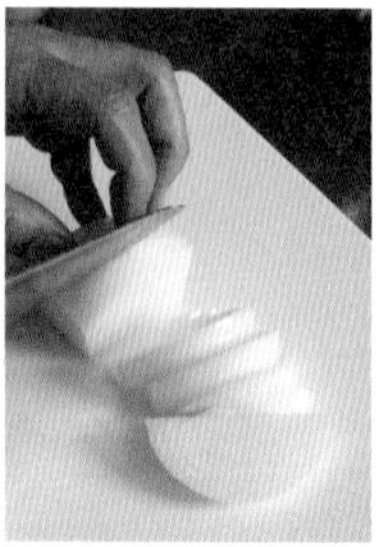

常備しやすい、じゃが芋と玉ねぎの味噌汁は定番の味噌汁の一つです。じゃが芋は1㎝ほどに切っているので、柔らかくなるのに少し時間がかかります。火が入って柔らかくなれば、すぐに煮崩れそうですが、煮崩れても失敗ではありません。煮崩れるくらいの方がおいしいと思います。じゃが芋と玉ねぎを柔らかく煮て潰せば味噌味のポタージュです。生クリームやバター、チーズを添えてみてください。いんげん豆を色よく茹でたものを添えました。

ベースの味噌汁　水、麦味噌
具材　じゃが芋、玉ねぎ、いんげん豆

じゃが芋と玉ねぎを鍋に入れて、水を加えて、火にかけます。じゃが芋が柔らかく煮えれば、味噌を溶き、別に茹でおいた、いんげん豆を入れて馴染ませます。

［この味噌汁から学ぶこと］

・【野菜の汁】玉ねぎとじゃが芋は、西洋のポタージュスープのベースになる野菜です。西洋のスープでも水が基本なんですね。油で玉ねぎを炒めることで旨みは強くなります。が、おいしくする方法はいろいろあります。油揚げを入れる、辛味の香辛料の柚子胡椒を添える、等々。チーズを入れてもいいし、自由自在に工夫することも日常の楽しみです。それに味噌汁が少々水くさいことが何も悪いことではありません。暑い日なら、味噌味が濃いよりも薄い方がおいしいものです。塩を効かせたいなら、醤油を垂らしてください。

・いんげん豆を茹でたらこんなにきれいな色に上がりました。これなら味噌汁に入れないで、胡麻和えにしてもいいですね。炒り胡麻をかけて、醤油を垂らせば出来上がりです。胡麻和えに、母は少し砂糖を入れていました。

ボイルもやしの味噌汁

別のお鍋で茹でたシャキシャキのもやしをベースの味噌汁に。茹でたてのもやしのおいしさはとてもフレッシュです。ラーメンのようにバターを落としてもおいしそうです。

ベースの味噌汁　昆布、煮干し、水、赤味噌
具材　茹でもやし（もやし、塩）

ベースの味噌汁を作り、茹で上げたもやしを加えます。

［この味噌汁から学ぶこと］

- 【茹でもやし】鍋に湯を沸かし塩を入れて、もやしを入れる。茹ですぎないようにと思って、早く引き上げるともやしの嫌なにおいが残りがちです。さっと茹でる、ではなくてきちんと茹でる。きちんと、とは、もやしの芯まで熱くすることです。その差は微妙なことですが、きちんと火が入れば、おいしくなります。
- 塩は、小鍋に六分目くらいの湯の量なら、3本指でつまんだ分量（小さじ½から⅓くらい）ほどでいいでしょう。塩は下味だけでなく、塩の浸透圧が手伝って短時間で火が入るので、野菜全般、特に緑の野菜には有効です。

あさりの味噌汁

あさりは春から初夏にかけてが旬、おいしい季節です。貝からは濃いだしが出ます。あさりは海の貝ですから、だしに塩気が出るので、味噌はかなり少なくして調えます。

ベースの味噌汁（2人分）　水2カップ、
赤味噌15gほど

具材（2人分）　あさり（200g）

砂出ししておいたあさりは貝殻同士をすり合わせるようにして洗います（よく洗わないと、案外汚れているものです）。鍋に水から入れて、中火にかけて火を入れます。火が強いと身が硬くなりやすいです。口が開けば貝に火が通ったということです。味噌を少なめに溶いて調えます。刻んだねぎを入れてもよいでしょう。

［この味噌汁から学ぶこと］

・【貝類の扱い】あさりなど貝類は生きたものを求めて、料理して食べる食材です。買ってきてからも死なないようにバットに広げ、海水程度の塩水をひたひたに入れて、砂出ししておきます。濡れ新聞をかけて涼しいところに料理するまで置いておきます。（原則として）その日のうちにいただきます。あさり以外の貝に、小さな蛤、小さな帆立貝なども味噌汁には使いやすいです。

・調理しても開かない貝があれば傷んでいることもありますから、無理に開けないで取り除きます。

厚揚げと白菜の味噌汁

くたっと、柔らかく煮た白菜はおいしいものですね。油揚げが入ると味わい深くなるものです。白菜を柔らかく煮てから、味噌を溶きました。

ベースの味噌汁　煮干し、水、赤味噌
具材　白菜、厚揚げ

鍋に白菜と煮干し、水を入れて、煮立て、厚揚げと一緒に柔らかくなるまで煮てから味噌を溶いて、しばらく煮て馴染ませます。

［この味噌汁から学ぶこと］

・油揚げには薄揚げ、厚揚げがあり、形も地方色があります。油揚げは和食の野菜料理には頻繁に使われます。肉や魚が西洋料理の主菜とすれば、油揚げは和食の主菜に当たります。豆腐を高温の油で揚げたものですから、調理に使えば、油が滲み出て、ひと味おいしくなります。

・油揚げは日本のベーコンと考えてもよいでしょう。油揚げを入れる場面では、代わりにベーコンや豚肉、ハム・ソーセージに変えてもよいということです。同じ油脂であっても、油揚げが一番優しい食材だと思います。

ほうれん草と鶏肉の味噌汁

鶏肉の味噌汁にほうれん草の茹でたてを入れます。黒胡椒を入れて吸い口に。鶏肉は豚肉、ベーコン、油揚げ、など何にでも変えられます。吸い口とは汁物に入った香りのものを言います。香りは直接心深くに繋がる刺激です。結構印象深く心に残るものですね。

ベースの味噌汁　水、赤味噌、白味噌
具材　鶏もも肉、煮干し、ほうれん草
補い　黒胡椒

鍋に鶏肉、煮干し、人数分のお水を入れて、中火にかけ、煮立てば、アクを取り、味噌を溶いて、別茹でした、茹でたてのほうれん草を入れます。

［この味噌汁から学ぶこと］

・【吸い口・香りの食材】吸い口とは、汁物に入った香りのものを言います。懐石料理では、香りを重ねて用いてはいけないとされ、一つでしたが、思いつくものだけでも、黒胡椒、山椒、山椒の実、練り辛子、柚子胡椒、かんずり、炒り胡麻、もみ海苔、青海苔、柚子、木の芽（山椒の葉）、三つ葉、刻み茗荷、おろし生姜。ハーブ類やスパイス、まだ誰も試したことがない香辛料も吸い口になるでしょう。いろいろやってみるといいと思います。

・【肉に火を通すこと】お肉（鶏や豚）は、火が通りやすく、かつ食べやすく、小さく切ります。火を通しすぎると肉が硬くなると言いますが、それは強火で短時間で火を通そうとした時に硬くなるのです。その辺りを知って、先に入れるならあまり煮立たせないようにすることです。煮汁が煮立ったところに入れるなら、火を弱めて煮立ちを止めたタイミングで入れて静かに火を通します。強火にしない方が、肉の組織に傷がつかなくて、優しい感じに仕上がります。

若布と卵の味噌汁

卵と若布のきれいな味噌汁です。ベースの味噌汁に戻した若布を入れて、別の鍋で作った落とし卵を入れます。

ベースの味噌汁　煮干し、水、赤味噌
具材　若布、落とし卵

鍋を二つ使います。一つは落とし卵用。一つはベースの味噌汁です。
ベースの味噌汁に若布を入れて、お椀によそい、落とし卵を入れます。

［この味噌汁から学ぶこと］

・【若布】塩若布は、塩を洗って戻す。乾燥若布は、そのまま汁に入れられるものもあります。

・【落とし卵の作り方】卵は、別鍋に沸かした湯（3㎝ほど）の煮立ちを止めて、卵をそっと落として火を通すと落とし卵（ポーチドエッグ）ができます。湯に酢を入れるとタンパク質が凝固するので、白身が固まってよいとされていますが、表面が硬くなるので、私は入れません。また、近年卵は鮮度がよくなっていますから散らばらず、酢は不要です。

とろろの味噌汁

山の芋をすりおろし、にんじんの入ったベースの味噌汁に直に落とし入れ、軽く火を入れました。柔らかくて心地のよいお味噌汁です。

ベースの味噌汁　煮干し、水、赤味噌
具材　山の芋（大和芋）、にんじん

大和芋は表面の毛を直火で焼いて皮のままおろしています。皮が気になる時、とろろを白くしたい時は、皮をむいてからすりおろします。にんじんの薄切り、煮干し、水を入れて火にかけ、煮立てば味噌を溶きます。味噌汁が煮立ったところにおろしたとろろを一人分ずつ入れ、五秒間ほど煮て馴染ませ、とろろを温めてから椀によそいます。

味噌は赤味噌を選びましたが、とろろは、白味噌にもよく合います。

［この味噌汁から学ぶこと］

- 山の芋は生で食べられる芋です。山に自生している自《じ》然《ねん》薯《じょ》は秋のご馳走。麦ご飯にかけていただきます。栽培種では、大和芋、つくね芋、長芋などがあります。長芋は水分が多く粘りも少ないものが多いです。
- とろろを一人分ずつどうやってまとめるかですが、手を充分ぬらして直につかんで鍋に入れるといいでしょう。
- おろしたとろろは箸二本を使って、くるくる巻き取るようにしてもきれいに取れます。

ワンタンの皮と豚バラ、大根の味噌汁

餃子の皮でもいいですが、残ったワンタンの皮（市販品）を具に入れました。ワンタンは麺。うどんやそうめん、パスタも同じ麺です。ワンタンの皮は粉がついていますから、作ったら想像以上にどろりとしてしまいました。お腹が空いている時、寒い日にはいいですが、それ以外ならちょっと重いかと思います。七味唐辛子とごま油を補うと食べやすくなります。

ベースの味噌汁　昆布、水、赤味噌
具材　豚バラ肉（薄切り）、大根、ワンタンの皮
補い　七味唐辛子、ごま油

豚バラ肉は食べやすく切り、大根は皮ごと千六本に切りました。

鍋に昆布と水、そこに豚バラ肉と大根を入れて火にかけます。豚肉に火が通ったら赤味噌を溶き入れ、ワンタンの皮を入れます。

好みで七味唐辛子を振り、ごま油を垂らします。

［この味噌汁から学ぶこと］

・【大根の切り方】
［千六本］はマッチの軸ほど。
［拍子木切り］は割り箸ほど。
［千切り］は、千六本よりゆるく切ったものです。

・ワンタンの皮は、ひき肉とねぎでも刻んで肉ダネにしたら、これを包み、水で留めればほんとのワンタンになります。

・ワンタンの皮でなくても、この味噌汁にはギョウザの皮、春巻きの皮、ラザニアの生地だって麺のように使えます。

さつま芋の味噌汁

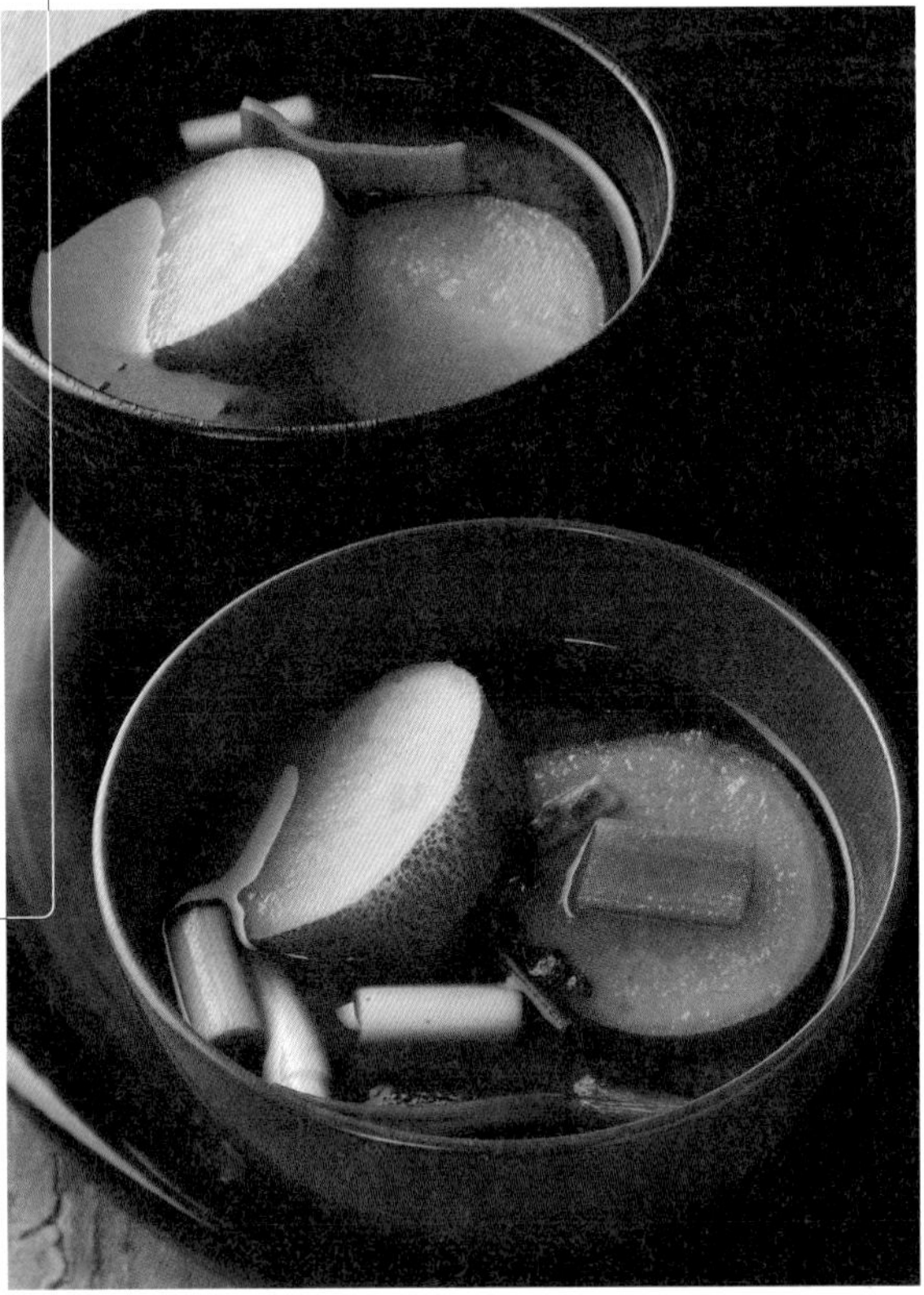

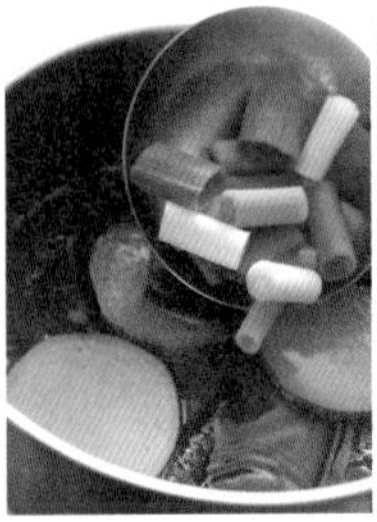

さつま芋は一年中あるように思いますが、夏の終わりに新芋が出始めます。ねっとりしたさつま芋もおいしいし、ほっくりした芋もありますね。出始めの芋が赤いと皮を残したくなりますが、皮を全部むけば口当たりがよくなります。むく、むかない、ところどころむく、いろいろあります。焼き芋を味噌汁に入れたってよさそうですね。

ベースの味噌汁　昆布、煮干し、水、赤だし味噌
具材　さつま芋、青ねぎ

芋類は厚めに切って、水から煮るのがセオリーです。昆布、煮干しと一緒に煮てください。芋が柔らかくなれば味噌を溶き、青ねぎを入れます。

［この味噌汁から学ぶこと］

・関西でねぎと言えば、青ねぎを指し、関東でねぎと言えば、白い根深ねぎを指すようです。青ねぎは生でもよく食べる野菜ですから、大きめに切って味噌汁に最後に入れて、さっと火を通します。甘いさつま芋に青ねぎはよく合います。

しじみ汁と　しじみ雑炊

しじみは汽水湖や淡水に棲む貝で、いいだしが出る上に塩気がありません。どんな味噌でも大丈夫ですが、豆味噌の入った赤だし味噌(混合味噌)とはよく合います。貝のお汁は作りやすく万人に喜ばれます。貝汁に限ったことではありませんが、強い火にかけると貝が小さくなって硬くなります。貝が開けば味噌を溶きます。

ベースの味噌汁(2人分)　水2カップ、赤だし味噌30g

具材(2人分)　しじみ(200g)

しじみは淡水に棲みますから、真水に浸して使うまで砂出ししながら、取りおきます。貝同士をすり合わせて、よく洗ったら、しじみを鍋に水から入れて、ゆっくり火を入れます。

いただくときは、やはり身を丁寧にほじって食べてくださいね。

【しじみ雑炊】

私の好きな雑炊です。しじみのだしをざるで漉し、貝を分けて、身を取り出しておきます。しじみのだしに赤だし味噌を溶いて味噌汁にして、味噌汁を温めたところに冷やご飯を入れて、貝の身も入れてご飯を煮ます。ぽってりとなれば、お椀によそっておろし生姜を添えてすすめます。

雑炊にする時は、ご飯を水で洗って、粘りを洗い流してサラッとしたものを作られてもいいです。洗わずにご飯の粘りをそのままにすると、とろみのある少々濃厚な雑炊が出来上がります。

筍とそら豆の味噌汁

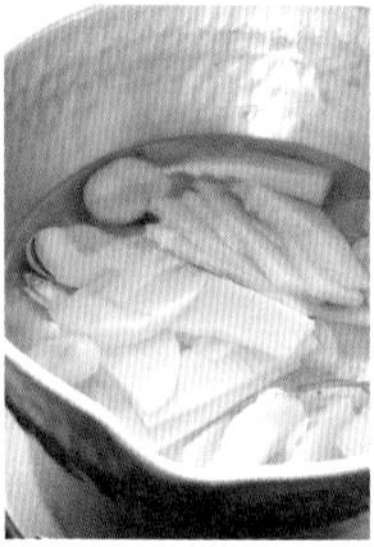

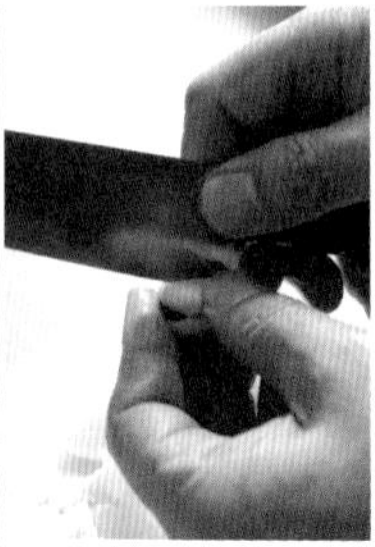

春、新物の筍とそら豆のお味噌汁です。吸い口に木の芽、味噌は赤味噌と白味噌を合わせました。どうでしょう、まだ淡い春の味が感じられると思います。

ベースの味噌汁　昆布、水、赤味噌、白味噌
具材　新筍（茹でたもの）、そら豆、木の芽

鍋に昆布と水、茹でた筍、そら豆には切り込みを入れて加え、ゆっくり温めます。味噌は、赤味噌を少なめに白味噌を多めに合わせて、汁に溶き入れます。
お椀によそい、木の芽をのせます。木の芽など香りの食材を吸い口と言います（P93）。

［この味噌汁から学ぶこと］

- 【生の筍の茹で方】掘りたての新筍を洗って、適当に皮をむき、大きいものは鍋に入るように穂先を切り落とします。大鍋に水、筍を入れて火にかけ、米糠を味噌のように茹で汁で溶き入れ、赤唐辛子を2本ほど入れて火にかけ、落とし蓋をします。煮立つ時、糠のとろみで噴きこぼれるので、火加減を調整します。筍は煮立ってから、1時間ほど茹でて、火を止めそのまま冷まします。冷めれば皮をむいて水に落としてアク抜きをします。冷蔵庫に収める時は水に沈めた容器ごと収めます。
- そら豆は（塩茹での時にも）切り込みを入れて煮ると茹だりやすく、食べやすいです。塩茹でで食べる時は、水に取らず、ざるに上げて、さっと水をかけて粗熱を取っていただきます（粗熱を取るとは、湯気が出なくなる程度に冷ますことです）。

豆腐と茗荷《みょうが》の味噌汁

お豆腐の味噌汁は四季を通じて万能ですが、こうして茗荷が入ると、すっかり夏のお汁になりますね。旬には思い切ってたっぷり使うのもいいものです。冬なら、三つ葉と黄柚子の皮も吸い口の定番。春には木の芽。いずれも日本のハーブです。

ベースの味噌汁　煮干し、水、赤だし味噌または豆味噌
具材　絹ごし豆腐、茗荷

煮干しでベースの味噌汁を作り、色の濃い赤だし味噌や豆味噌を溶きます。スプーンで豆腐をすくい取って、ゆっくり弱火で温めます。この時もあまり煮立てない方がよい味になります。
お椀によそい、刻んだ茗荷をたっぷり散らします。

［この味噌汁から学ぶこと］

- 【茗荷の切り方】茗荷は縦に切る「千切り」、横に切る「輪切り」がありますが、この味噌汁では、茗荷に対して斜めにして切り始め、茗荷を回しながら切り進めました。牛蒡などを回しながら切る乱切りを応用した切り方です。アトランダムな切り方はおいしそうです。
- 【夏の味噌汁】香りと歯切れを楽しむための刻み茗荷は、最後に入れて馴染ませます。露地ものの小粒の茗荷は8月頃に出回ります。小ぶりな露地ものであれば、丸ごと煮込んでもおいしいです。

ひねり小芋と油揚げの味噌汁

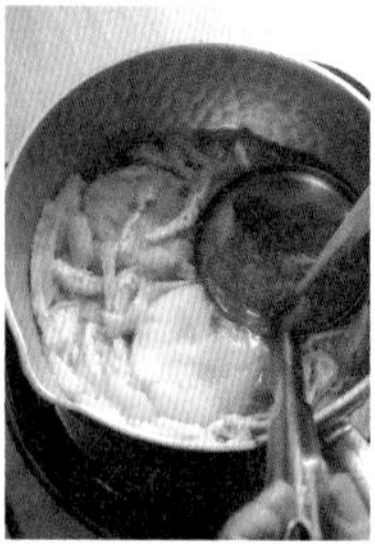

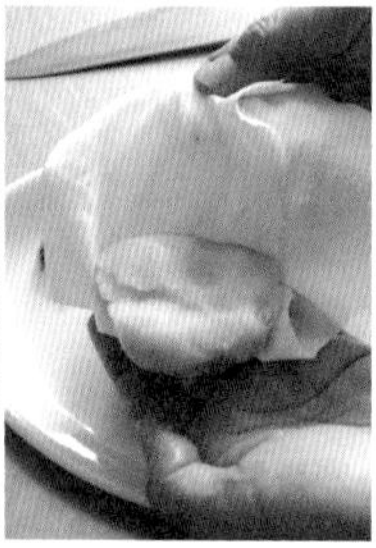

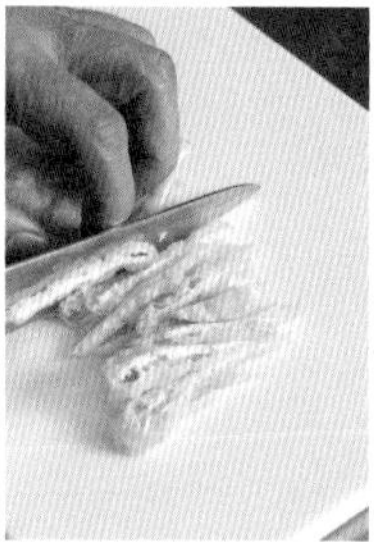

和食で芋といえば里芋を指します。稲よりも歴史が古く大昔から先人が食べていたものです。

ひねり小芋とは、泥を落とした里芋を柔らかく茹で、里芋の皮をつるりとむいて、キッチンペーパーなどに包んで、ぎゅっと握り半潰しにしたものです。潰すことで汁とよく馴染みます。それだけでおいしそうだと思いませんか。

ベースの味噌汁　煮干し、水、白味噌、赤味噌

具材　茹でた里芋、油揚げ

ベースの味噌汁に油揚げを刻んでひねり小芋を入れました。いったん冷めた芋は硬いので、味噌汁で煮てゆっくり中まで温め直します。白味噌を加えてとろりと甘めの味噌汁に仕立てました。吸い口に練り辛子、七味もよく合います。

［この味噌汁から学ぶこと］

・【里芋の茹で方】里芋の泥を洗って、鍋に入れてかぶるくらいの水で柔らかく茹でます。煮立ってから25分ほどで柔らかくなるでしょう。茹で上がればそのまま粗熱がとれるまで冷ますことで、しっとりします。

・柔らかく茹でた里芋は味噌をつけて食べるだけでもおいしいもの。パン粉をつければコロッケです。小芋のコロッケには、味噌（刻んだねぎを混ぜて）がよく合います。片栗粉をまぶしてじっくりと油で揚げて、天つゆに大根おろしもいいですね。どの料理もキュッとひねった方が味が馴染んでおいしいものです。

酸味の出た白菜の漬物の味噌汁

酸味の出た白菜漬けを、味噌汁の具にすると大層おいしくなります。酢やラー油を補うと、発酵菌の産出した旨みで台湾料理の酸辣湯《サンラータン》を思わせる味噌汁になります。

ベースの味噌汁　煮干し、水、赤味噌
具材　白菜漬け（酸味の出たもの）、きくらげ（生または乾物を戻したもの）、大根
補い　酢、ラー油

大根ときくらげを入れて、煮干しベースの味噌汁を作り、仕上げ間際に白菜漬けを入れて温める程度煮たら、お椀によそいます。

味は白菜漬けの発酵具合、分量などで変わります。食べる人が酢を補ったり、ラー油を補ったりして、味を作って食べてください。

［この味噌汁から学ぶこと］

・【漬物の味噌汁】白菜漬け、キムチ、糠漬け、ザーサイなど古漬けは、ほかでは味わえないものになります。漬物は塩が効いていますから、しょっぱいと思えば、食べやすく切ってから、しばらく水に入れて塩抜きします。流水で塩抜きすると旨みも抜けてしまうので注意してください。

キムチの味噌汁には、かぼちゃやきゅうりを合わせて。

味噌汁を健康の要にする

土井善晴

味噌汁は食事にいつもあったほうがよいと思います。というのは、味噌汁は「調和料」※として優れているからです。「調和料」とは何か足りないものがあるとそれを補い、どちらかに偏るとそのバランスを上手に取ってくれるものです。人間にとっても地球にとっても、調和が一番大切です。味噌汁を「調和料」と言ったのは、秋月辰一郎さんというお医者さまです。私はこの人の本を読んで、その書きぶりをもって信じています。ご自身は長崎で被爆された方で、幼少の頃から多病虚弱で、姉妹も身体が弱くて病床にあったそうです。そういう自分の多病虚弱な体質を克服したいということが医者になる動機でした。長崎原爆投下後、秋月さんは被爆者の治療に専念する中で、同じように被爆しても、亡くなる人、その後も生き続けられる人があり、同じ薬でも効く人と効かない人がある、その違いをあらゆる角度から調べ、深く研究し、行き着いたのが、食事の大事ということでした。「体質即食物」という考えに至ったのです。体質には先天的なものと、日々作り続けているものがありますが、体質を作るのは環境です。太陽の光、きれいな空気というのもありますが、人間が一番影響を受ける環境は食べ物という環境です。多くの患者の食習慣を調べるうちに「味噌汁を飲む習慣」のある方は、重症化しない、与えた薬もよく効くということがわかってくるのです。そして、味噌は健康バランスを取る「調和料」だと確信し、信念をもって、味噌の効能を評価し「味噌は日本人の健康の要」としたのです。秋月さんが研究の成果を平易な言葉で書き著したのが『体質と食物』です。そして味噌の効用が世界に広まりました。チェルノブイリの原発事故の後、※大量の味噌が日本から送り届けられたそうです。

※『体質と食物』秋月辰一郎（クリエー出版）

※『日本貿易月報』（財務省）より。1986年1月〜10月にフランス、ドイツで味噌の輸入量が前年の2倍に、ベルギーでは5倍に伸びた。

三、組み合わせる味噌汁

（善）おかずの付け合わせを、お味噌汁でもできるなぁ。

（光）何品もの副菜を作らなくても、お味噌汁でとりあえず格好はつくね。

（善）ハンバーグにトマトの味噌汁はなかなかやろ。

（光）友達とピザの宅配する時は、申し訳程度に野菜のお味噌汁作るんだけど、結構好評なんだよねぇ。もう一人はサラダも作っちゃったり。

（善）外の料理とも上手く交わえるのがおもしろい。主菜を受け入れてくれるお味噌汁を考えることも楽しみになったらええな。

シウマイ弁当と、

もやしの味噌汁

駅弁をお土産に買って、自宅で食べる人も多いようですね。シャキシャキした歯応えがほしいと思って、ベースの味噌汁に別鍋で茹でたもやしとセロリの葉っぱの味噌汁を添えました。

作り方は P87

豚まんと、
菜の花の味噌汁

横浜がシウマイ弁当なら、大阪のお土産は豚まん。まだ寒い冬に出始める、菜の花の味噌汁を添えました。菜の花は炒めてベースの味噌汁に。春の苦みがあって、彩りもいいですね。

作り方は P122

ハンバーグと、
トマトの味噌汁

洋食だから肉料理には付け合わせを、というと結構大変そう。でもハンバーグだけ作ればいいと思えば「なんか、手軽に作れそう」と、ガラッと気持ちも変わります。

作り方は P122

焼き飯と、
玉ねぎの味噌汁

焼き飯の具を切る時、ついでに玉ねぎを輪切りにして、小鍋に入れて水と煮干しを一緒に火にかけておくだけ。焼き飯を作っている間に、脇のコンロで程よく火が通り、味噌を溶いて完成です。

作り方は P122

サンドイッチと、
牛乳の入った味噌汁

サンドイッチと味噌汁!? なんていう人がまだいらっしゃると思います。カフェオレ・ボウルに味噌汁を盛ればお洒落でしょ。ベースの味噌汁に牛乳をプラスして、ボイル野菜のスープにしました。サラダを添えるように味噌汁を作りました。

作り方は P122

テイクアウト寿司と、
なめこと豆腐の味噌汁

お寿司屋さんでは魚のアラ（頭・骨）のスープに赤だし味噌を溶いたものが出されることが多いですね。赤だしは豆味噌の渋みがあって甘みが少ない、握り寿司にはよく合うお味噌です。

作り方は P123

ナポリタンと、とうもろこしとソーセージの味噌汁

ナポリタンのコツはケチャップを焼くようにして調理すること。これだけで格段においしくなります。ナポリタンですから、ソーセージはあるでしょ。味噌汁にも併用して、とうもろこしを包丁で削って入れました。

作り方は P123

サラダと、
あさりの味噌汁

サラダにする葉野菜（サラダ菜、ルッコラ、エンダイブなど）が一番美しくておいしいのは春から初夏なのです。ちょうどあさりの旬と重なります。海の春と里の春を揃えて、今という季節を思うのです。

作り方は P89

菜の花の味噌汁

［材料］菜の花、油、
ベースの味噌汁（煮干し、水、赤味噌）

［作り方］菜の花は食べやすい大きさに切り、鍋に油を少量ひいて軽く炒りつけるように焼きます。別に「ベースの味噌汁」を用意し、赤味噌を溶き入れたら、お椀によそい、菜の花を加えます。

トマトの味噌汁

［材料］トマト、
ベースの味噌汁（昆布、水、白味噌、赤味噌）

［作り方］鍋に昆布と水、大きめに切ったトマトを入れて弱めの中火にかけ、トマトが柔らかくなったら、白味噌と赤味噌を溶き入れます。白味噌の甘みがトマトの酸味に合います。

玉ねぎの味噌汁

［材料］玉ねぎ、
ベースの味噌汁（煮干し、水、赤味噌）

［作り方］玉ねぎは輪切りにし、煮干しと水を入れた鍋に最初から入れて火にかけます。玉ねぎに火が通ったら赤味噌を溶き入れます。

牛乳の入った味噌汁

［材料］ブロッコリ、マッシュルーム、牛乳、
ベースの味噌汁（煮干し、水、赤だし味噌）

［作り方］鍋に煮干しと水、食べよく切ったブロッ

コリ、薄切りのマッシュルームを入れて弱めの中火にかけます。野菜に火が通ったら、赤だし味噌を溶き入れ、牛乳を加え温めます。牛乳の割合は、味噌汁のベース1カップに対して、牛乳¼カップほどにしました。

なめこと豆腐の味噌汁

［材料］なめこ、絹ごし豆腐、ベースの味噌汁（昆布、水、赤だし味噌）

［作り方］なめこは、粒ではなく、株の場合は石突きを取ってから、さっと水洗いします。鍋に昆布と水、豆腐、なめこを入れて火にかけます。豆腐が熱くなったら赤だし味噌を溶き入れます。豆腐は四角に包丁で切りました。小さく切れば賽の目（さいのめ）、大きく切れば奴（やっこ）と呼び名がありますが、豆腐の柔らかさと相談して好みの大きさでいいですよ。

とうもろこしとソーセージの味噌汁

［材料］とうもろこし、ソーセージ、ベースの味噌汁（昆布、水、赤味噌）

［作り方］とうもろこしは包丁で実をそぎ取ります。鍋に昆布と水、半分に切ったソーセージ、とうもろこしを入れて弱めの中火にかけ、とうもろこしに火が通ったら、赤味噌を溶き入れます。

避難所の味噌汁

土井善晴

大地震、巨大化した台風、前例のない集中豪雨という報道をしばしば聞くようになりました。被災地では、体育館などの避難所での生活を余儀なくされます。2020年7月、コロナ禍の熊本県では、梅雨前線が長期に亘り停滞し、記録的な集中豪雨が続いたのです。被災者のプライベートを守るパーテーションの取り付けに現地を訪れていた建築家・坂茂氏から連絡がありました。「避難所生活が長く続いて、地元の人たちは何より温かいものを食べたがっています、何かできませんか」という依頼でした。さっそく応援に行こうと空港に向かおうとしていた矢先、コロナを理由に受け入れられないと市から連絡が入ったのです。その時、私は(材料はあると聞いていましたから)被災者の方々と一緒に味噌汁を作ろうと思っていたのです。被災者の食事は、どうしても受け身になって、冷温保存のパックされた食品が多くなります。何もできない状況では、気持ちも塞いでくるでしょう。

●大きな火力で、大きなお鍋で何百食分もいっぺんに作るには、調理に馴れた人がやらないと危ないし、時間がかかって調理者はたいへんな負担(またはイベント)になるのです。大量調理が難儀になるのは、アレルギー、異物混入といったあらゆる食品事故のリスクを伴うからです。そこで、私は10人分の味噌汁作りを解説するビデオを撮影して送ったのです。

●「避難所の味噌汁」の作り方

使用する(簡易)椀を使って、10杯分の具材、10杯分の水を入れて、火にかけて煮立てて、適量の味噌を溶けば出来上がりです。味噌を溶いてから、うどんを入れて煮込んだり、冷たいご飯を入れたりすれば「煮込みうどん」、「味噌雑炊」にもなります。小麦粉があれば水で練って「すいとん」も作れます。炭水化物が入れば、味噌汁は充実するのです。

↓後半は166ページに続きます

四、季節の味噌汁

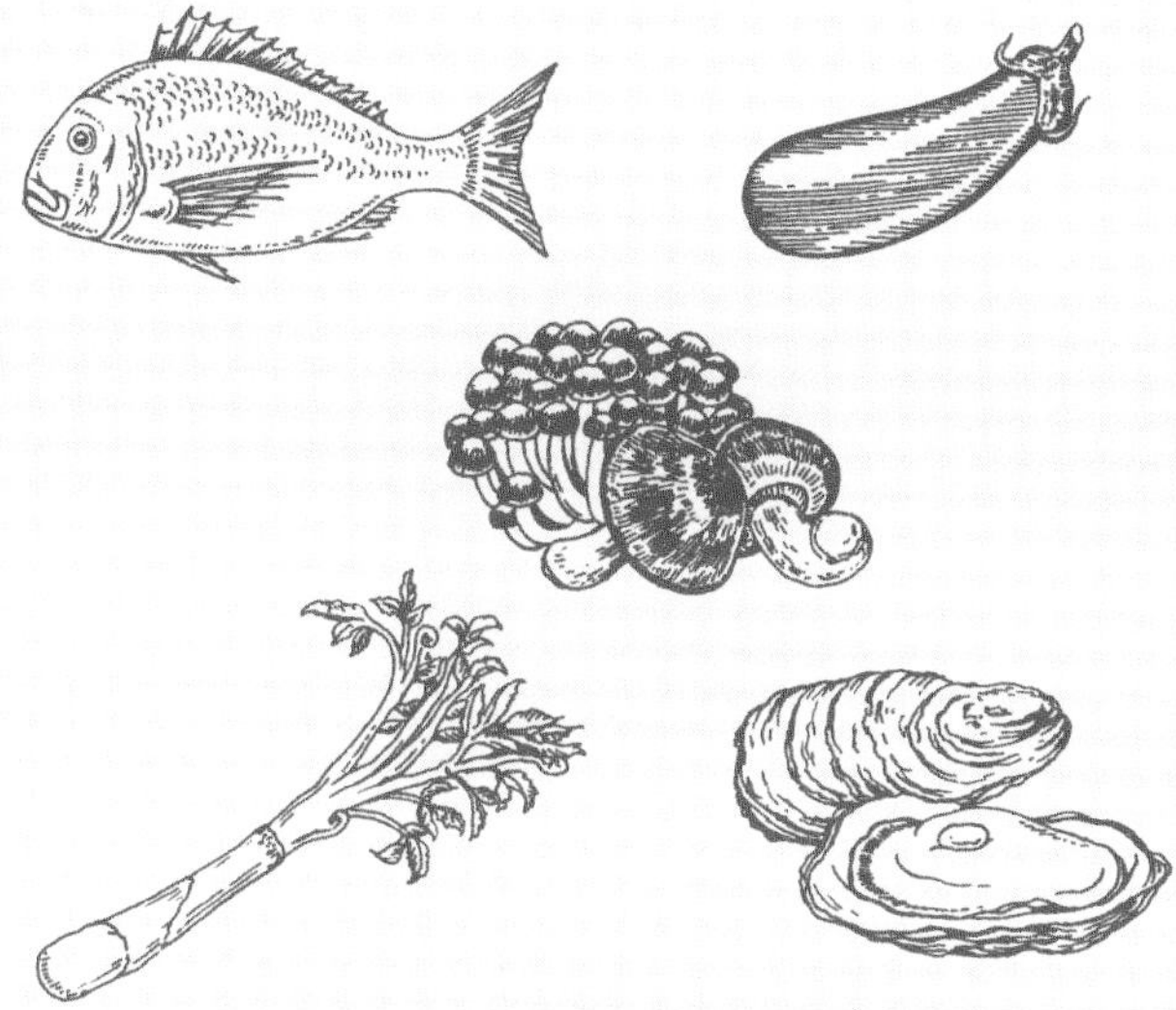

（善）季節のお味噌汁は、やっぱり郷土料理が多いなぁ。

（光）土地の気候風土でふるさとの料理は決まるもんね。

（善）その土地、その季節でいただくお味噌汁は一番素材と繋がれるかもしれんね。

（光）例えば豚汁って具材が決まってるように思いがちだけれど、豚肉さえあれば野菜を変えるだけで充分季節を感じられる。季節のアレンジは楽しいね。

春

筍と若布の味噌汁

海の春。春は山里にも、海にも来るのです。

新物の若布が魚屋さんに並びます。色は茶色くて知らなければ若布と思わないかもしれないけど、魚屋さんと話ができればいいですね。茶色い生若布は、茹でるときれいな緑色になって、刻んで酢の物や炒め物にして食べます。もちろん刻んで味噌汁に入れてもおいしいと思います。

春の新若布だけで、筍が入らなくても、春の味噌汁になります。

材料

塩若布、茹で筍、

ベースの味噌汁（昆布、水、白味噌、赤味噌）

作り方

塩若布は塩を洗って戻し、食べやすく切ります。鍋に昆布と水を温め、筍を入れて、味噌を溶いたら、若布を入れてひと煮して、馴染めばお椀によそいます。

【調理のポイント】

・若布の水気は切って入れないと味噌汁が薄まります。また、戻した若布を、取りおく時は、水気をできるだけきちんと除いて、冷蔵庫に入れておきます。

・若布の味噌汁には、炒った削りがつおを加えると、香ばしくおいしいです。

蕨《わらび》の味噌汁

蕨《わらび》は、里山で自生している山菜です。光が適当に当たる見通しの比較的よいところにあります。山菜採りは、山の自然をよく知った人に教えてもらえればいいですね。山のおばあさん、おじいさんと、友達になってください。都会に生まれた私は、彼らと出会って自分はなーんにも知らないのだ、とわかりました。

「春は苦み」と言いますが、山菜の苦みが、身体を整える薬になるそうです。

でも、アクの強い蕨はそのままでは食べられません。家に持ち帰ってアク抜きします。アク抜きすればおひたし、卵とじ、炒め物、それに味噌汁もいいし、お蕎麦の具もいいし、ご飯に炊き込んでもいいと思います。

材料

蕨（アク抜きしたもの）、

ベースの味噌汁（煮干し、水、赤味噌）

作り方

鍋に煮干しと水を温め、蕨はすり鉢で軽く潰してから加えて、味噌を溶き、馴染む程度に煮込みました。

［調理のポイント］

・【生蕨のアク抜き】蕨を洗ってから、わら灰（なければ重曹）を適宜まぶし、バットなど容器に入れて上から熱湯をかぶるくらい注いで、火を通し、そのまま冷めるまでおいておきます。後に灰を洗い流して、水に浸しおき（アク抜きしながら）、使うまでは冷蔵庫に保管します。

・蕨の穂先はゴワゴワした産毛に包まれていますから、切り取って、刻んで味噌和えにしました。

鯛のアラの味噌汁

魚にもちゃんと旬があります。魚の旬は産卵前の魚体が一番充実した頃と重なります。そうした時期が鯛も一番おいしい季節です。春の桜花の色をした鯛が「桜鯛」、秋は「紅葉《もみじ》鯛」と呼ばれるのです。なんとも風流、おめでたい（鯛）ものですね。

鯛の目玉、目の周り、くちびるも、骨をしゃぶるように食べるのです。アラというのは、魚の頭や骨のことです。

知っていましたか？　カマのところに「鯛のタイ」という魚の形をした骨が入っています。お椀の中に見つけたら嬉しくて縁起がいいぞって思います。

材料（3～4人分の目安）

鯛のアラ３００g、水3と½カップ、
赤味噌50g、青ねぎ適量

作り方

鍋にアラを入れて、人数分の水を入れて強火にかけて煮立てば、しっかりアクを取ります。徐々に火を弱めて5～6分静かに煮る。味噌を溶いて馴染む程度に煮て、椀によそいます。青ねぎを椀に刻んで入れます。

［調理のポイント］

・【アラの下ごしらえ】鯛のアラは魚屋さんにお願いして、味噌汁にするからと伝えて、お椀に入るサイズに切ってもらうといいですね。アラは煮立った湯に入れて（湯通し）色が変われば水に取る。流水で、うろこや血合いを洗って取り除く。食べるまで間がある時は、きちんと水気を拭いて冷蔵庫に保管してください。水気をきちんと拭き取ることで、鮮度をあまり落とさず取りおけます。

独《う》活《ど》汁

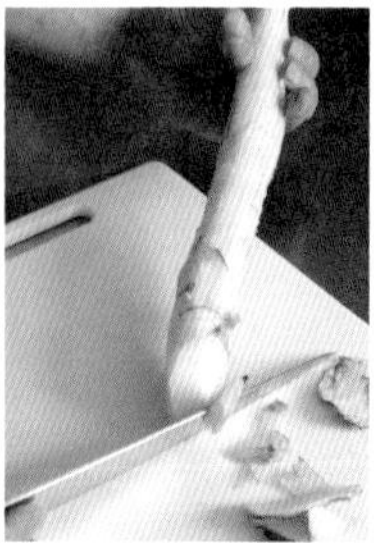

春の山に入れば、山独活《うど》が見つかります。山に持参した鯖の缶詰と、斜めにぶつぶつと切った独活を鍋に入れて水で煮ます。アクのある山菜は鯖缶とよく合います。山で育った、山が大好きな新潟の人に教わりました。

季節になると地方の市場には山独活が出ています。また、畑で栽培した山独活は、都心部のスーパーに売られています。

材料（4人分の目安）

山独活1本（約270g）、鯖の缶詰1缶（内容量200g）、水3カップ、赤味噌50g

作り方

山独活は根元の木の根っこのようなところは削り落としますが、ほぼ全部食べられます。斜めぶつ切りにして鍋に入れ、水を入れて、鯖缶を缶汁ごと入れて、中火にかけて、独活が少し柔らかくなるまで煮ます。硬さを確かめて味噌を溶き、しばらく馴染むまで煮ます。独活には10分くらいで火は入りますが、さらに長く煮ると、もっと柔らかくなります。

[調理のポイント]

- 多めに作って、翌日温め直し、お蕎麦にかけて食べることもあります。こうした山菜や野菜の具沢山の汁をかけるお蕎麦の食べ方を長野では「おにかけ」と呼んでいます。

夏野菜と卵の味噌汁

夏

スプーンで飲む野菜スープのような味噌汁を作りました。味噌汁ももちろん洋食の献立に加えてもいいでしょう。彩りを優先して夏の野菜を選び、サイコロ状に切りだすと、それだけできれいでしょ。切りながらちょっと嬉しくなりました。遅い朝のブランチなら卵を落として、早めの夜ご飯なら小さなステーキと合わせるのもいいですね。皆さんもそろそろ、お味噌汁一つでも工夫次第で楽しめることがわかってきましたか。

材料

茄子、オクラ、プチトマト、とうもろこし、冬瓜《とうがん》、きゅうり、黄パプリカ、赤パプリカ、ズッキーニ、トマトなど(好みの野菜いろいろ)、卵

ベースの味噌汁(昆布、水、赤味噌、白味噌)

作り方

「ベースの味噌汁」に野菜をそのまま入れてもいいし、油で炒めてからお水を入れても結構です。味噌を合わせて溶き、最後に卵を入れてください。

［調理のポイント］

・食べる時に、一人一人が、オリーブオイルを垂らしたり、粗挽き胡椒をカリカリして入れたり、チーズをすりおろしたり、パンを浸したり、好き好きに工夫して、お味噌汁を食べる時間をゆっくり楽しみます。
こうした工夫の経験は将来役に立つものだと思います。

冷《ひ》や汁

氷を浮かべ、コロコロという氷の音を聞いて食べるので、暑くて食欲のない時でもこれなら食べたくなるでしょう。焼いた鯵《あじ》、豆腐、きゅうり揉みが入った冷たい味噌汁です。あっさりだけど栄養価の高い胡麻が入るから元気になります。押し麦を炊き込んだ軽い麦ご飯がよく合います。ご飯にかけて食べてもいいですね。多めに作っても大丈夫だと思います。

材料（4人分の目安）

木綿豆腐200g、鯵の塩焼き（中鯵）1尾（180g）、

きゅうり1本（塩小さじ½）、練り胡麻30g、

赤味噌20g、氷水2カップ

作り方

【きゅうり揉み】 きゅうりは小口に切って2%の塩を加えて、しんなりすれば、水気を絞ります。

【鯵の塩焼き】 鮮度のよい鯵を、うろこ、エラ、内臓を除いて、水気を拭き取る（魚屋さんで水洗いをお願いしてもいいでしょう）。塩をしてこんがりと焼きます。鯵の塩焼きは、箸を持つ手と持たない手、両方使って小骨をきれいに除きます。直に手で触れると骨の有無がわかります。

【すり鉢を使って作る】 すり鉢に木綿豆腐、魚の身、きゅうり揉み、練り胡麻、赤味噌を入れて、すりこぎで粗く潰しながら混ぜ、氷水を加えながら、飲みやすい加減に整えます。すり鉢を食卓に出して、取り分けていただきます。すり鉢がなくても鉢や鍋の中でも作れると思います。

鯵《あじ》のお刺し身と アラの味噌汁

魚一尾を使った献立です。釣りをされる人は、魚を捌《さば》けるという人もきっと多いでしょう。釣った魚は鮮度がいいから、やっぱりおいしいのです。魚屋さんに捌いてもらっても、骨はもらってきてください。魚の骨からだしをとって魚の全部を使い切ることです。そうしないと、魚って半分は捨てることになるんです。お刺し身になるのは、魚総量の半分だけ。後は、ゴミ(?)、廃棄することになってしまいます。もったいないですね。

材料

鯵のアラ(頭や骨)、豆腐、水、赤味噌、青ねぎ

作り方

鯵の頭や骨を鍋に入れ、お水を入れて火にかけます。アラの量に対して、水分が多くなるとスープが薄くなるので、人数分の水を計量します。魚の量が少ないと思えば昆布などを補います。中火にかけて煮立てば、アクを取り、2~3分煮てから、魚のアラを、網じゃくしですくって除きます。魚のスープに豆腐をお玉ですくい取って入れ、ゆっくり温めます。味噌を溶いて、馴染んだら青ねぎを入れます。

【じゅんさいの味噌汁】骨を除いた鯵のアラのスープに味噌を溶いて、じゅんさいを入れます。じゅんさいは、赤だし味噌がよく合います。生じゅんさいは5月頃から7月頃まで出回ります。高価な小さなものを料理屋で使いますが、大きなものは比較的安く、食べ応えがあっておいしいものです。一度熱湯でさっと湯通し(水に取る)したものを椀に入れ、熱々の汁をはります。

茄子とそうめんの味噌汁

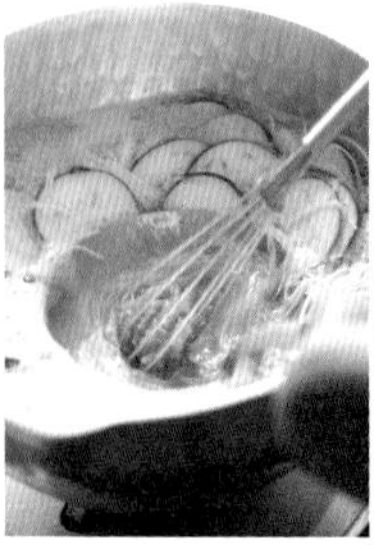

そうめんを茹でずに、ポキッと二つに折って直に汁に入れます。そうめんが柔らかくなってから味噌を溶きます。夏のそうめんに畑の茄子はつきもので、昔から「今あるもの」を料理して食べていたことがわかります。

材料

そうめん（一人⅓束くらい）、茄子、
ベースの味噌汁（昆布、水、赤味噌）

作り方

鍋に昆布と水、さっと水に通した輪切りの茄子を入れ、煮立てばそうめんを入れます。柔らかくなったら、そうめんから出る塩気を考えて、いつもより控えてお味噌を溶きます。ベースのだしは昆布にしましたが、煮干しもいいです。

［調理のポイント］

- そうめんを具にした味噌汁です。茹でないで直に入れるそうめんの食べ方です。茄子もそうめんも、すぐに火が入るので夏にはありがたい味噌汁です。

冬瓜《とうがん》の味噌汁

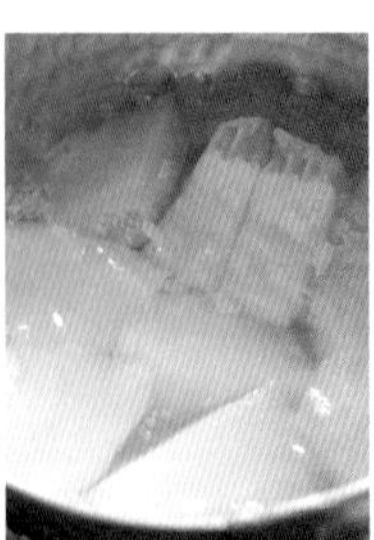

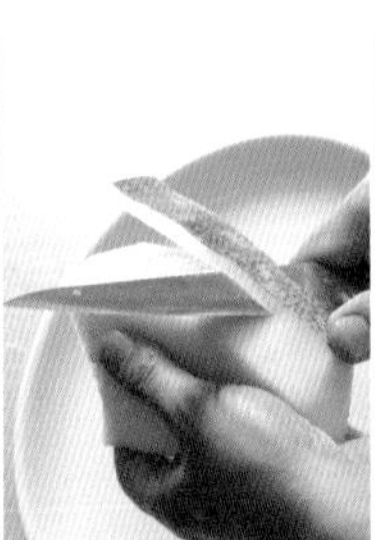

季節にあるもんを食べるというのは、旬を食べるということです。季節のもんを食べたら、また、一年が過ぎて巡って来たなあ、と思います。旬を食べることを基本にしていると、一年のリズムができて大事なことをちゃんと身体が思い出してくれ、失うものが少ないような気がします。

冬瓜《とうがん》は最近人気があるようで、夏前からスーパーで見かけるようになりました。本当は夏の終わり、暑さにちょっとくたびれた頃に出回るものでした。

材料

冬瓜、おろし生姜、

ベースの味噌汁（昆布、水、赤味噌）

作り方

冬瓜を買ったら、櫛形に切って、皮を厚めにむいて、柔らかく茹でておくんです。冬瓜は案外苦いので、水に取ってアクを抜いて、冷蔵庫に取りおきます。後は昆布のだしに最初から入れて温めて、味噌を溶けばいいですね。赤味噌にしましたが甘みの少ない赤だし味噌もよく合います。生姜をたっぷり効かしていただきます。

昔から冬瓜は夏負け気味になると、暑気払いに、餡かけにしてよく食べました。やはり生姜がたっぷり添えてありました。

〔調理のポイント〕

・冬瓜の皮は厚くむきます。以前はワタと一緒に種もきれいに取っていましたが、私は最近全部残したまま茹でています。気になる分だけ取ればいいし、食べながら残せばいいと思っています。野菜なら種の周り、魚なら骨の周りがおいしいもの。栄養価が高いからですね。

・冬瓜は厚さ1㎝ほどに切って、中華鍋で直に油で炒めて、食べやすく切った肉と一緒に炒め煮してもいいですね。甘辛い、ご飯のおかずに味つけます。

秋

きのこ汁

秋は森の季節です。土地の人と一緒に山に入ってきのこ狩りに行って、山で作ったきのこ汁です。ぶつ切りにした鶏肉と茄子と鍋とコンロを持って行くのです。アクの強い秋の茄子はきのこの毒消しになると言われ、おまじないのように入れました。はないぐち（じごぼう）、なら茸、くり茸……、煮えれば、かさが減るので、きのこはどっさり入れます。折り箱に白いご飯だけ持って行くんですね。二杯三杯とお汁をおかわりします。
市販のきのこでもおいしく作れるので、ここで紹介します。

材料

なめこ、椎茸、えのき茸、舞茸、しめじなど、好みのきのこ（何でもOK）、茄子、鶏もも肉、水、赤味噌

作り方

鍋に、水を入れて火にかけ、たっぷりのきのこ、鶏肉、茄子全部を入れます。煮立てばアクを取り、味噌を溶いて、一緒にしばらく煮ます。

［調理のポイント］

・山で採ったきのこは土がついているので、石づきの硬そうな軸の先っぽだけを取り除いて、何度も水を変えて洗います。菌床で育ったきのこなら土がなく、根がついているところを切り取って、そのまま使っても大丈夫でしょう。

さつま汁

鹿児島へ行った時、地元のお母さんたちとの交流で、さつま汁をいただきながらの雑談。「さつま揚げは、鹿児島ではさつま揚げとは言わず、つけ揚げと言う。その語源は沖縄の『チキアギ』という魚のすり身の揚げ物です」。ちなみにさつま芋は鹿児島ではから芋です。では、「さつま汁を地元では何と呼ぶの？」と尋ねたら、やはり「いや、多分さつま汁はさつま汁。鶏が入ったらさつま汁で、豚が入ったら豚汁」とのこと。鶏を潰すのは、お客さんが来た時や、ハレの日。鶏のスープの味噌汁は、非日常のおいしさです。鹿児島の味噌は、甘みのある麦味噌が一般的です。

材料

鶏もも肉、さつま芋、大根、にんじん、青ねぎ、
ベースの味噌汁（煮干し、水、麦味噌）

作り方

鶏もも肉は柔らかくしたければ、包丁の元でコツコツと（両面から）叩いて切り込みを入れてから、食べやすく一口大に切ります。

鍋に煮干しと水、鶏肉、野菜を入れて火にかけ、味噌を溶いてしばらく馴染むまで煮込みます。

あまり強火で煮ないで、さつま芋などに火が入るまで穏やかな火加減で静かに煮ます。青ねぎは最後に加えます。

［調理のポイント］

・鶏肉だけでもよいですが、いつものベースの味噌汁のように煮干しも入れました。ラーメン屋さんでも魚のだし汁と、鶏の骨も一緒にしてスープをとるように、相乗効果でおいしいだし汁になるからです。

打ち込み汁

打ち込み汁というのは、手打ちうどんで知られる香川県の味噌煮込みうどんです。祖母は10人（末っ子が父）の子を育てるのに、毎朝うどんを打って、一つの熱源ですむので、打ち込み汁を朝ご飯にしていたそうです。生うどんには打ち粉がついているので、煮汁に溶けてとろみになるので、涼しい季節にはいいものです。

これ一つで、豪華な一汁一菜が出来上がりです。

材料（4人分の目安）

生うどん400g、鶏もも肉120g、油揚げ1枚、大根100g、にんじん50g、里芋100g、青ねぎ1本、煮干し25g、水8カップ、赤味噌60～70g、七味唐辛子または黒七味適宜

作り方

手打ちうどんを茹でるのは案外時間がかかるので、大根、にんじん、里芋は少し厚めに切ります。鍋に水、煮干しを多めに入れてだしをとり、煮干しは穴じゃくしですくって取り出します。鍋に油揚げ、うどん、青ねぎ以外の野菜を入れて煮立てば味噌を溶いて、味噌のお汁の中で頃合いになるまで煮込みます（10分ほど）。

最後に青ねぎを入れて馴染ませます。

とろろ汁

秋の山で掘り出した自然薯《じねんじょ》をいただいて作ったとろろ汁。びっくりするほどおいしくて感激したことがあります。どんな味って言葉では説明できません。「なんでこんなにおいしいの」って思う自然の命の力だと思います。そういうおいしさっていうのは、一生忘れないもので、霜降りの肉がどうとか、寿司がどうのっていうのとは、まったく別物、そういうおいしさがあるんですよ。

材料

山の芋、ベースの味噌汁（昆布、水、赤味噌）、麦ご飯

作り方

ハレの日のお料理ですから、芋はきれいに皮をむいてから、おろし金で、真っ白のとろろをすりおろして、すり鉢に入れます。真っ白ということに意味があります。

すり鉢でよくするとなめらかになるだけじゃなく、空気が入ってふわっとかさが増え、一層白くなります。後は、麦ご飯にかけられるなめらかさになるまで、用意した「ベースの味噌汁」でのばして調えます。

［調理のポイント］

・山の芋は、種類や個体差で水分量が違うので、味噌汁を加える分量も違います。とろろがご飯にのらないで流れるほどでは困るし、あまり硬すぎてはご飯と馴染みません。少し食べてから味噌汁を足すこともできるので、いい加減でもよいのです。

・自然薯、つくね芋、銀杏芋、大和芋など日本全国においしい芋がありますが、栽培種で芋のクセがきついと思う時は、白味噌を多めにして合わせ、甘みを効かすといいですね。味噌澄まし（Ｐ１６５）を用いてもおいしいです。

冬

粕《かす》汁

粕《かす》とは酒を造った後の「絞りかす」です。お酒の数だけいろいろな酒粕があるのでしょうね。上等の吟醸酒の粕をいただいてその白さに驚いたことがありました。粕の甘みに塩鮭の旨み、これを濃いだし汁（煮干し）でのばします。油揚げ、大根、里芋、にんじん、こんにゃく。どれも欠かせない冬の汁です。アルコールが入っているので、子供たちには注意してあげてください。私は、白味噌と赤味噌を合わせて味を調えますが、白味噌の甘みが酒粕の、喉の奥の方にちょっと残るえぐみを抑えてくれます。

材料（4人分の目安）

塩鮭辛口2切れ（160g）、大根150g、にんじん90g、こんにゃく150g、里芋3個（230g）、油揚げ1枚、青ねぎ2本、煮干し20g、水6カップ、酒粕150g、白味噌100g、赤味噌30g

作り方

大きめのお鍋に煮干しのだし、塩鮭、油揚げ、大根、にんじん、こんにゃく、里芋を入れ、火にかけ煮立てば、アクを取ります。その間に酒粕をちぎって、煮汁に浸して、ふやかしておきます。煮立ってしばらくしたら、味噌とともに酒粕を加え、馴染むまで煮ます。最後に青ねぎも加えます。

［調理のポイント］

・塩気の効いた辛口の塩鮭は、旨みがあって断然おいしい。最近は塩辛いものが少なくなりましたが、あれば薄い塩水に浸して塩抜きして用います。
・粕汁は醤油味のかやくご飯とよく合います。

牡蠣《かき》の味噌汁

牡蠣《かき》を食べたら元気になると思っています。味噌汁なら気軽に作れます。牡蠣は下ごしらえが一番肝心で、牡蠣の周りに付着している汚れを落とせば、スッキリして牡蠣の臭みはなくなります。酢牡蠣で食べる時は、大根おろしのなかでグルグルかき混ぜて洗うと、大根おろしが黒くなるので、汚れがこんなについているのだとわかります。そこまではしなくても、流水で牡蠣のひだを開いてよく洗ってください。

材料

生牡蠣、小麦粉（または片栗粉）、ベースの味噌汁（昆布、煮干し、水、赤だし味噌）、白ねぎ、おろし生姜

作り方

牡蠣はよく洗い、水分をきちんと拭き取ってから、粉を薄くまぶします。

「ベースの味噌汁」を用意して味噌を溶いたら、粉をまぶした牡蠣と白ねぎを入れて、火を通します。

おろし生姜を添えてすすめます。

［調理のポイント］

・牡蠣に粉をまぶして、赤だし味噌汁に入れて、火を通しました。粉が落ちて味噌汁にいい感じにとろみがつきます。これが嫌なら別茹でにして味噌汁に入れてください。

じゃっぱ汁

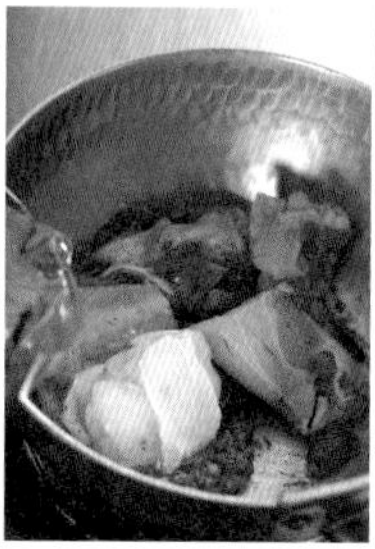

冬になると、鱈《たら》は旬。寒いので鮮度も落ちにくいので魚がおいしく食べられる季節です。鱈鍋、鱈汁用に「骨付きの鱈」がパックされて販売されています。秋田の料理自慢のおじいさんに教わったのは、じゃっぱ汁には、鱈の肝を入れること、それでないとおいしくならないから、じゃっぱ汁を作る時は朝早く起きて市場に買いに行くのだそうです。肝と味噌を鍋で初めにちょっと炒るそうです。教え通りに作ったら大層おいしいじゃっぱ汁が出来上がりました。

材料（4人分の目安）

鱈のアラ400g、鱈の肝60g、鱈の白子（1パック）、赤味噌40g、水3カップ、生姜汁30g分、白ねぎ適量

作り方

鱈のアラは塩水で洗って水気を切っておきます。鍋に赤味噌と鱈の肝を入れ火にかけて、炒りつけます。水とアラを入れ、煮立ったらアクを取り、生姜汁を加えて10分ほど煮ます。最後に食べよく切った白子を入れて火を通します。小口切りの白ねぎを加えお椀によそいます。

［調理のポイント］

・鱈の白子は、雲のようだから、雲子と関西では言いました。よほど鮮度がよいなら生をさっと茹でて、水に取りポン酢おろしでいただきます。

季節の豚汁

豚汁も季節ごとに野菜を変えて。
これだけでも嬉しくなりますね。
お味噌も季節によって
ぴたっと来るものがあるんです。
毎日作っているうちに、
わかりますよ。

春

材料　豚バラ肉、こごみ、たらの芽、
ベースの味噌汁
（煮干し、水、赤味噌）

夏

材料
豚バラ肉、トマト、茄子、
ゴーヤー、
ベースの味噌汁
（煮干し、水、赤だし味噌）

秋

材料
豚バラ肉、里芋、しいたけ、
しめじ、えのき茸、
ベースの味噌汁
（煮干し、水、赤味噌）

冬

材料
豚バラ肉、ほうれん草、
にんじん、
ベースの味噌汁
（煮干し、水、白味噌、赤味噌）

豚汁で季節を楽しむ。

豚汁(とんじる)は味噌汁のご馳走です。50年以上前の土井 勝の豚汁のレシピを見ていたら、豚の切り落とし肉を強火で炒め、水を入れて5〜6分煮て、もやしを入れて、赤味噌で味つけるとあります。当時のレシピは、肉は炒めるところから始めるレシピが多いのです。

そもそも日本には肉料理がなかったことを思えば、豚汁は中華的で、麻婆豆腐の手順と似ているし、やっぱり肉料理は中国に学んだんだなあと、わかります。具材も、もやし、じゃが芋、玉ねぎ、にんじんなどが定番の豚汁でした。

部位は、脂身の多いバラ肉か、赤身の部位(腿肉など)にするか。塊肉を厚めに切るか、薄切り肉を使うか。最初に肉を炒めるか、炒めるにしても焼き色をつけるか、つけないか。など、豚汁ひとつでいくらでも作り方ができます。どれが一番おいしいですかって、聞く人がある

けれど、人それぞれでよいのです。繊細なものから濃厚なものまで、私たちの好みによって楽しむことができます。好き嫌いを超越する味噌汁は多様性、いやもっと上の無限性を認めているのです。

私はバラ肉を使います。塊肉を厚みをもたして手切りにしました。油で炒めないで、一人分なら、水から入れて火の通りやすい野菜とゆっくり煮込んでいきます。味噌も、赤、白、豆味噌どれも美味しくできるのです。

春は芽のもの（芽の出る山菜、アスパラガス、豆）。
夏は水のもの（水分を多く含む茄子、トマトなど）。
秋は実のもの（森の季節、きのこ、里芋など）。
冬は根のもの（地面の下にある根っこの野菜）。

季節の野菜と豚肉を組み合わせるだけで、季節を楽しめるんですね。

お雑煮

お雑煮はハレの料理です。
全国にいろんなお雑煮がありますね。
昔から食べている土地のお雑煮を
大切にしてください。
わが家は父が
四国高松の出身ですから、
白味噌仕立てのあん餅雑煮です。
「え――っ」なんて言われますが、
今ではそれを誇りに思うし、
あん餅雑煮がないと
お正月が来た気がしません。
だから年末にはお餅をついて、
あん餅を作ります。

白味噌仕立ての雑煮

お雑煮と言えば、おすまし（澄んだ汁）と決まっているようですが、京都をはじめ関西地方では白味噌仕立てに丸餅が入ったお雑煮が多いようです。

［材料］丸餅、大根、にんじん、里芋、白味噌（雑煮味噌）、水（または昆布だし）、青海苔など

［作り方］わが家では白味噌を水で溶くだけです。白味噌のおいしさだけで充分なんですね。白味噌の汁は、だしをとって魚の味が出てしまうとおいしくありません。大根、にんじん、里芋は、別鍋で柔らかく茹でおき、いただく前にお湯に浸して温めます。お餅は鍋に水から入れて中火にかけて、柔らかく茹でます。同時に、白味噌のお汁も温めます。お椀にお餅と野菜、お汁をよそい、青海苔で彩りました。

味噌澄ましのお雑煮

「味噌澄まし」。初めて耳にする人も多いでしょう。今ではそんなことはありませんが、昆布も鰹節も煮干しも使わないで、ハレの日には、味噌汁を布漉しにして、「おすまし」を用意する地方がありました。新潟の人に教わって、私なりに重宝しています。

［材料］角餅、鶏もも肉、かまぼこ、三つ葉、味噌澄まし

［作り方］用意した味噌澄ましで鶏肉、かまぼこを煮て、四角いお餅を焼いて、結んだ三つ葉を添えて、お雑煮にします。雑煮のお汁は、「白い」とか「澄む」ということに意味があります。私たちの暮らしでもお正月に一度リセットして、きれいにしようって気持ちがあるでしょう。そのため年末にはきれいに掃除して、心澄ませてお正月を迎えます。

味噌澄ましの作り方

昆布も鰹節もない地方のハレの日の汁物です。晒しの布巾を2～3枚重ねて、味噌汁を漉すと、よく澄んだ味噌澄ましができます。晒し布巾に残った味噌かすは、ご飯にのせて食べてもおいしいです。

［材料］二番だし1カップに対して味噌20g

［作り方］二番だしを煮立て、味噌を溶き入れたら、これを固く絞った布巾で漉します。この時、布巾を絞らずに、自然に落ちるのを待ちます。昔は水だけで味噌を溶いたのですが、ちょっと旨みをプラスしています。

【二番だし】（出来上がり約4と½カップ分）
昆布（10㎝角）1枚、削りがつお20g、水5カップを、鍋に入れて火にかけ、中火以下で煮立てる。煮立ったらアクを取り、火を弱めて5～6分煮る。昆布を除いて布巾などで漉す。

味噌澄ましを使ったお料理はP194～197にあります。

↓「避難所の味噌汁」124ページの前半からの続き

◉「避難所の味噌汁」の作り方(続)

2〜3家族分の味噌汁はカセットコンロを使用して、10人分までにすることで、前述のリスクは防げます。

◉10人分の味噌汁を作るには、カセットコンロ、大きめのアルマイト鍋(直径27センチ)、玉じゃくし、小さな包丁があれば、子供たちだって作れるのです。家族の代表者が集まって作ればいいですね。作りたては美味しいに決まっているのです。人間はお料理をすれば元気が出るし、みんなで温かい味噌汁を食べれば、ほっとできると思います。

◉味噌汁は作りおきせずにさっと作るのが一番おいしいもの。おいしさと安心はイコール。作りたてはだんぜん身体にもよいのです。作りおいたもの、残りものは、その分、酸化して、栄養価も落ち、見た目も悪くなります。見た目が劣化すると食べる気がなくなりますね。味噌汁はお湯を沸かすほどの手間でできるものです。その都度作って食べる、が原則です。

カセットコンロと大きめの鍋と玉じゃくしさえあれば。

五、味噌料理、スペシャルな味噌汁

(光) 味噌ってアジアではかなり使うよね。

(善) 日本ではまずお味噌汁だけれど、調味料としても万能。

(光) レシピを見てもわかるけど、味噌は辛みによく合うなぁ。

(善) 辛みにコクを与えてくれるからね。 でも甘みにもよく合う。

(光) 市販の焼き肉のたれより、自分で作った味噌ベースのたれは私も大好き。

(善) 下手にカロリーを摂りすぎず、充分な旨みの料理を味わえるのはお味噌のおかげ。

味噌のおむすび

運動のあととか
お腹をすかした子どもとおとなが
あつまった時間にあわせてご飯をたいて
小さなおむすびをにぎります。
「手を洗った人から順番よ」って
子どもも おとなも
こんなおいしいものはないって
ずっと あとになっても
きっと おぼえています。

味噌おむすび

［材料］炊きたてのご飯、赤味噌

［作り方］晒し布巾を固く絞って、熱々のご飯をピンポン球大に、キュッと包んでまとめて、ざるに並べます。

お味噌をちょっとずつ、のっけて出来上がり。

焼き味噌おむすび

［材料］炊きたてのご飯、赤味噌、酒

［作り方］晒し布巾を固く絞って、（塩は控えめに）熱々のご飯をにぎります。ざるの上で、おむすびを冷まします。

味噌を日本酒で柔らかくのばします。

おむすびをグリルで軽く焼き、味噌を刷毛で塗ってさらに焼きます。焼いて塗ってを数回繰り返します。

茄子の油味噌

夏の茄子。輪切りにして、あまり動かさないで焼くように炒め、砂糖とお味噌（赤味噌か赤だし味噌）で味つけ、炒りつけて、茄子が柔らかくなったら、青じそをいっぱい入れて出来上がり。

鯖の味噌煮

鮮度のよい鯖があればぜひ。鯖の味噌煮は、酒、水、砂糖、みりんの煮汁でまず火を通し、味噌を溶いてとろりと煮詰める、と覚えてください。生姜は鯖の臭みをころします。

茄子の油味噌

材料（作りやすい分量）

茄子4〜5本（400g）、青じそ20〜30枚、赤唐辛子1本、赤味噌30g、砂糖大さじ2、水大さじ3、油大さじ3〜4

作り方

① 茄子は1㎝厚さの輪切りにし、水に放ってアクを抜く。青じそは洗っておく。赤唐辛子は種を除いて2〜3等分に切る。

② 鍋に油を熱し、赤唐辛子、茄子を加え、焦げ目が少しつくぐらいまで炒める。

③ 赤味噌、砂糖を加え、茄子の水気が少なければ水（大さじ3ほど）を補ってしっとり炒りつける。

④ 青じその水気を絞ってちぎりながら鍋に加え、ひと混ぜする。

鯖の味噌煮

材料（2人分）

鯖（切り身）2切れ（1切れ100g）、生姜20g、
煮汁（水1カップ、酒½カップ、砂糖大さじ1と½、
みりん大さじ1と½、赤味噌30g、白味噌30g）

作り方

① 生姜は軽く叩き、輪切りにする。

② 鍋に水、酒、砂糖、みりんを入れて火にかけ、軽く煮立ったところに鯖、生姜を入れて煮る。煮汁を回しかけて、落とし蓋をして、5～6分ほどで鯖に火を通す。

③ 鍋に味噌を溶き入れて、落とし蓋をしてさらに7～8分煮る。煮汁をからめて盛りつける。

＊ 味噌を溶く前にきちんと鯖に火を通すこと。味噌を溶くと、火が入りにくくなるからです。火の通りがあまいと生臭くなるからです。

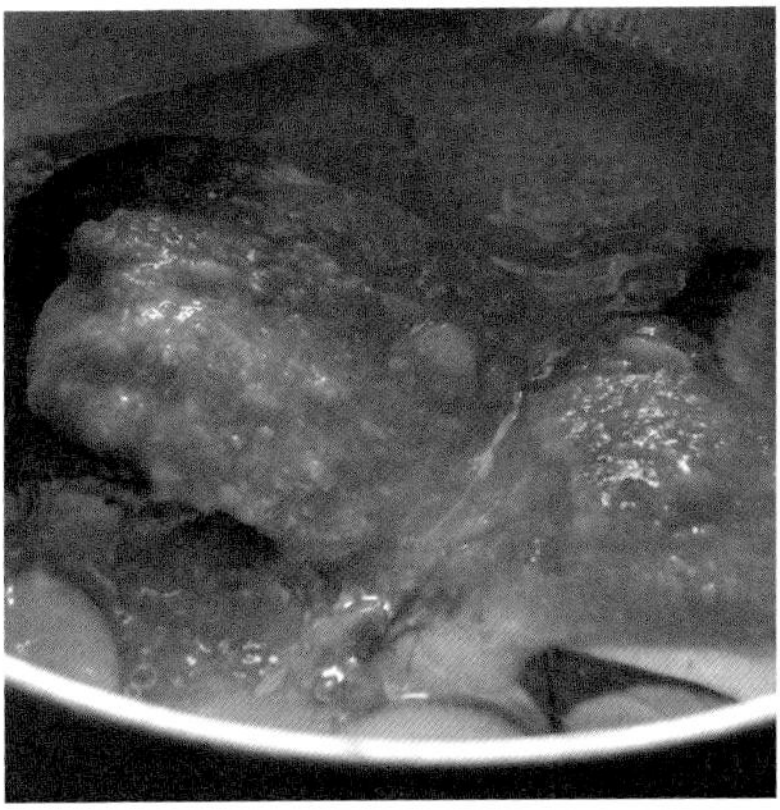

にんにく味噌の
スティック野菜

作りおきが利くし、
なめ味噌、田楽味噌、肉だれ、
いろいろに役立つにんにく味噌です。
こうしたしっかり加熱する味噌は、
伝統的な製法で作られた、
よいお味噌を使ってください。
だし入りなどの
調味料の入った味噌は、
不安定で味が決まりません。

材料（作りやすい分量）

にんにく40g、赤だし味噌150g、砂糖大さじ5、酒½カップ、卵黄2個分、好みの野菜適量

作り方

① にんにくは皮をむき、すりおろす。

② 鍋ににんにく、赤だし味噌、砂糖、酒を入れて弱火にかけ、混ぜながら煮つめ、練る。火を止め、卵黄を加えて余熱で火を通し仕上げる。

③ ②のにんにく味噌を器に盛り、スティック野菜を添え、味噌をつけながらいただく。

【スティック野菜】セロリ、きゅうり、パプリカ（赤と黄）、にんじん、ラディッシュ、あさつきなどをスティック状または食べやすい形状に切る。

蛸ときゅうりの
酢味噌

ねぎ味噌餅

茄子の田楽

自家製調味料3種

お餅のねぎ味噌は、赤味噌。
なすの田楽味噌は、赤出し味噌。
蛸の酢味噌は、白味噌。
それぞれうまく合わしているなぁ…
と思います。
どれも伝統的なお料理です。

蛸ときゅうりの酢味噌

どんなお味噌でも、酢を混ぜれば酢味噌です。これは自然の甘みが強い白味噌だからそのままですが、赤味噌や豆味噌なら、しょっぱいのでお砂糖を少し混ぜてください。

材料（2〜3人分）

きゅうり2本、茹で蛸100g、白味噌30g、酢大さじ1、おろし生姜適量

作り方

①きゅうりは薄切りにし、塩をまぶしてしばらくおいてしんなりしたら、布巾で絞る。

②蛸は酢（分量外）をかけて酢洗いをして、そぎ切りにする。

③白味噌と酢を合わせて、酢味噌を作る。

④皿にきゅうり、蛸をそれぞれ盛り、上から③の酢味噌をかけ、おろし生姜を添えていただく。

茄子の田楽

茄子を油焼きしながらでも、手軽に作れる田楽味噌です。

材料（2人分）

茄子3本、油大さじ2、田楽味噌（＊）適量、けしの実適量（軽く炒る）

＊**【田楽味噌（作りやすい分量）】**

赤だし味噌80g、砂糖大さじ2、酒大さじ3

作り方

①茄子は半割りにしてアクを抜き、フォークで表

面を突く。

② フライパンに油、茄子を入れ中火にかけて、両面をこんがり焼く。

③ その間に田楽味噌の材料を小鍋に入れて、中火弱にかけて、混ぜながらひと煮立ちさせる。

④ ②の茄子の裏側から切り込みを入れて、田楽味噌をのせて塗り、盛りつける。けしの実をかけていただく。

ねぎ味噌餅

なめらかによくすることで、味噌と馴染み、持ちがよくなります。

材料（作りやすい分量）

青ねぎ120g、赤味噌50g、砂糖大さじ1、角餅適量

作り方

① 青ねぎは小口切りにする。

② すり鉢に青ねぎを入れて、なめらかになるまで、よくする。

③ 赤味噌、砂糖を加えてさらにすり、馴染ませる。

④ 茹でたお餅にのせていただく。

味噌だれと焼き鳥

味噌はすでに万能ですが、これはさらに味を調えた「万能味噌だれ」です。

グリルで焼いた鶏肉に「味噌だれ」を塗って、もう一度焼いて『焼き鳥』。

野菜を炒めて「味噌だれ」で味つけすれば『味噌炒め』。

網焼きでお肉を焼いて「味噌だれ」をつければ『焼き肉のたれ』になります。

味噌だれ

材料（出来上がり約460g）

味噌200g、にんにく（すりおろし）2片分、みりん½カップ、醤油⅓カップ、砂糖60g、酒1カップ

作り方

① 鍋に材料を混ぜ合わせながら中火で煮立て、煮立てばアクを取る。
② 火を弱めて4～5分煮立てる。
③ 鍋底を冷やして冷ます。
＊ 瓶に入れて冷蔵庫で保存します。（日持ちは2週間ほどが目安）

焼き鳥

材料（6本分）

鶏もも肉1枚、味噌だれ適量、粉山椒適量

作り方

① 鶏もも肉を一口大に切って串に刺し、網焼きで焼く。
② おいしそうに火が通れば、仕上げに味噌だれをつけてさらに香ばしく焼き上げる。好みで粉山椒をかけていただく。

麻婆豆腐

味噌さえあれば、特別な調味料がなくても
かなりおいしい『麻婆豆腐』が作れます。
麻婆豆腐は「炒め物」だと思っていました。
まだ料理がわかっていなかった
頃のことです。
それが『麻婆豆腐』は「煮込み料理」だと
わかってから、
おいしく作れるようになりました。

豚肉と新牛蒡のレタス包み

レタスに「肉味噌」と「ご飯」も
いっしょに包んで食べると、
「レタス包みというお料理」は一気に
「たのしく・おいしく」なるんです。
楽しいお料理、おすすめです。

麻婆豆腐

材料（作りやすい分量）

絹ごし豆腐1丁（300g）、豚ひき肉100g、白ねぎ50g、生姜20g、にんにく1片、豆板醤小さじ1、赤だし味噌30g、調味料A（砂糖大さじ2、酒¼カップ、水⅔カップ）、片栗粉大さじ1（大さじ2の水で溶く）、粉山椒小さじ1〜2、粗挽き胡椒適量、油大さじ1と½、胡麻油大さじ1

作り方

① 生姜、にんにくは叩いて刻む。ねぎは粗みじん切りにし、豆腐は賽の目に切る。

② 中華鍋に油大さじ1と½を熱し、生姜、にんにくを炒める。香りが出てきたら豚ひき肉、胡椒を加えて炒め、火を通し、豆板醤、赤だし味噌を加えて炒りつける。

③ 豆腐、Aの調味料を加えて分量の水を注いで煮立たせ、軽く煮立つくらいの火加減で4〜5分煮る。

④ ねぎを加え、仕上げに水溶き片栗粉でとろみをつけて、粉山椒、胡椒、胡麻油を回しかけて器に盛りつける。

豚肉と新牛蒡のレタス包み

材料（作りやすい分量）

レタス4〜5枚、
きゅうり1本、豚ひき肉150g、
新牛蒡1本（80g）、にら1束（100g）、
油大さじ1、赤味噌30g、砂糖大さじ2
ご飯適量、レモン½個

作り方

① レタスは洗って葉を1枚ずつはがし、大きな葉であれば4等分くらいの大きさにして重ねる。きゅうりはところどころ皮をむき、縦4つ割りにして斜め切りにする。

② 新牛蒡はささがきにした後、みじん切りにする。にらは小口切りにする。

③ フライパンに油、牛蒡を入れて炒め、馴染めば豚ひき肉を入れて、焼き炒める。

④ ③に赤味噌、砂糖を加えて炒りつけて馴染めば、にらを入れて混ぜ、軽く火を通して器に盛る。レタスときゅうり、レモン、ご飯は別の器に盛りつける。

＊ レタスの葉を広げ、きゅうり、④の肉炒め、ご飯をのせてくるむ。好みでレモン汁を絞るのがおすすめです。

肉味噌うどん

肉味噌は、肉の食感を生かした豚ひき肉の味噌炒め。

熱々の肉味噌を、常温程度に冷ました茹でたてのうどんと合わせるのがおいしさのポイントです。

うどんは茹でて、水で粗熱を取る程度にすること、冷たくすると熱々の肉味噌が冷めるのでおいしくなくなるんですね。うどんと肉味噌の温度のコントラストが大事です。

味噌煮込みうどん（名古屋風）

豆味噌文化圏の名古屋。ご当地の豆味噌に白味噌を合わせて、味のバランスを調えました。味噌のお汁で茹でうどんを直に煮て、白いうどんが味噌色に染まるくらい弱火で煮込み、生卵を落として少し煮込みます。土鍋は火から下ろしてからも、しばらくくつくつ余熱がはたらきます。

うどんを食べた残りの汁に、ご飯を入れて食べてもおいしいです。

肉味噌うどん

材料(2〜3人分)
豚ひき肉200g、にんにく1片、
赤唐辛子(小口)小さじ⅓、赤だし味噌80g、
酒大さじ5、油大さじ2、
うどん(稲庭うどんなどの乾麺)200〜300g、
青ねぎ適量

作り方

① にんにくは叩いて刻む。青ねぎは斜め薄切りにする。

② 鍋に油、にんにくを入れて火にかけ、炒めて香りが出たらひき肉、赤唐辛子入れて、全体に色が変わるまで炒め、味噌を加えて炒りつけ、酒を入れて混ぜながら馴染めば火を止める。

③ うどんは熱湯に入れて表示時間通りに茹でて、水に取って洗い、器に盛りつける。

④ ②の肉味噌をかけて、青ねぎを添えていただく。

味噌煮込みうどん（名古屋風）

材料（1人分）

鶏もも肉50g、白ねぎ20g、油揚げ½枚、
水2カップ、煮干し2本、白味噌30〜40g、
豆味噌30g、うどん1玉、
卵1個、せり¼束

作り方

① 鶏肉は食べやすく切り、ねぎは2㎝幅の斜め切りに、油揚げは短冊切りに、せりは食べやすく切る。

② 土鍋に水、煮干し、油揚げを入れ火にかける。煮立ったら白味噌と豆味噌を溶かし、うどん、鶏肉、ねぎを入れる。

③ 煮立ったらアクを取り、卵を落とし、3〜4分ほど煮込む。

仕上げに、せりをのせていただく。

キムチ鍋

白味噌をベースにした上品な京風キムチ鍋です。白味噌の甘みのあるおいしさと、キムチの酸味のある辛みがとてもよく合います。キムチ、白味噌のおいしさがそれぞれ引き立つよう、キムチを別皿に盛り込んで、各自で食べる分ずつ、鍋に加えて、馴染ませながらいただきます。若布も別添えにして同様に。

材料（2人分）

豚バラ肉（薄切り）50g、鶏もも肉100g、
鱈の切り身1切れ（80g）、白菜60g、油揚げ1枚、
白ねぎ½本、若布（戻したもの）40g、
キムチ150g、水2カップ、白味噌100g、
角餅2個

＊好みで鱈の白子なども（はさみで食べやすく切る）。

作り方

① 豚バラ肉は食べやすく切る。鶏もも肉、鱈の切り身は一口大に切る。白菜は3㎝ほどに切り、油揚げは短冊に切る。ねぎは斜め切りにする。若布は5㎝長さに切り、キムチは馴染むように小さめにはさみで切る。

② 鍋に、水と白味噌を溶き、混ぜておく。

③ 火の通りにくいものから順に鍋に入れていく。

④ キムチと若布は、別鉢に盛り、各自で食べる分ずつ鍋に加えて、煮えた具と合わせながらいただく。

味噌ラーメン

鶏の骨付きもも肉に煮干しを合わせ、気軽にラーメンスープをとります。おいしいスープに赤味噌、白味噌、醤油、にんにくで、味を調えます。鶏の骨付きもも肉の身は、ラーメンの具にします。

骨付き鶏もも肉のスープ

材料（出来上がり約6カップ）
骨付き鶏もも肉2本（600g）、
煮干し7〜8本（10g）、水10カップ

作り方

① 鶏もも肉は脂を除いて関節で二つ切りにして、骨に沿って切り込みを入れる。

② 鍋に材料をすべて入れ、煮立てばアクを取り、弱火で50分煮る（途中出てきたアクは取っていく）。

③ 火から下ろし、そのまま冷ます（残ったスープは煮干しを取り除き、茹で鶏とともに冷蔵庫で保存する）。

味噌ラーメン

材料（2人分）

茹で鶏½本分（前述のスープから取り出したもの）、中華生麺２玉、胡麻油大さじ１、にんにく１片、赤味噌30g、醤油大さじ１、酒大さじ１、白胡椒適量、骨付き鶏もも肉のスープ３カップ、白味噌50g、茹でもやし適量、バター適量

作り方

① 茹で鶏はほぐしておく。麺は粉を落としておく。にんにくは叩いて粗みじん切り。

② 中華鍋にごま油、にんにく、茹で鶏を入れ炒める。

③ 鶏に焼き色がついたら赤味噌を加え、焼き炒める。醤油、酒、白胡椒を入れ、スープを加え煮立てて、白味噌を溶く。

④ 鍋に湯を沸かし、麺を茹でる。

⑤ 温めた麺鉢にスープを少し入れ、麺を加えて残りのスープをよそい、ほぐした鶏肉、茹でもやしをのせる。バターを添えていただく。

鯛茶漬け

汁かけ飯

雑煮鍋

「味噌澄まし」を使って
ご馳走3種

お雑煮で紹介した味噌澄まし（P165）はいろいろ楽しめて重宝します。
おいしいお刺し身があったら、熱々の味噌澄ましをかけて鯛茶漬けに。
夏の暑気払いには、冷製にして汁かけ飯に。
温かくいただくなら、鍋仕立てに。
雑煮鍋はお正月に楽しむ、わが家の寄せ鍋です。

鯛茶漬け

材料（作りやすい分量）

味噌澄まし（作り方P165参照）1カップ、刺し身（白身魚）70g、赤味噌10g、ご飯適量、おろし生姜適量

作り方

① 刺し身はそぎ切りにし、味噌をからめたら馴染ませておく。

② 温かいご飯に①をのせて、熱々の味噌澄ましをかけて、おろし生姜を添える。

雑煮鍋

材料（土鍋内径24㎝・2人分）

味噌澄まし（一番だし1カップに対して味噌15gを漉したもの）4カップ、鶏もも肉100g、豚バラ肉80g、焼き穴子2尾、車海老2本、蛤2個、白菜300g、絹さや30g、油揚げ1枚、金時にんじん適量、角餅4個、レモン適宜

作り方

① 鶏もも肉、豚バラ肉は食べやすく切る。焼き穴子は4等分、車海老は背ワタを取り、蛤はよく洗う。白菜は4〜5㎝幅に切り、軸は千切り。絹さやは茹でて水に取る。油揚げは短冊切り、金時にんじんは梅に抜いて下茹でする。餅は半分に切る。

② 鍋に、具材一式と味噌澄ましを入れて、火にかける。

③ アクを取りながら煮て、火が通ったものからお汁とともに器に取り分け、好みでレモンを絞る。

汁かけ飯

材料と作り方（3～4人分）

・味噌澄まし（作り方P165参照）：3カップ

・薄焼き卵：卵1個を塩少々で溶き、フライパンで丸く焼き、千切りにする。

・茗荷：1個を薄切りにして水にさらす。

・きゅうり：1本を斜め薄切りにする。

・炒りきくらげ（作りやすい分量）：干しきくらげ10gを水で戻し、千切りにして酒¼カップ、醤油大さじ1で炒りつける。

・鶏ささ身（作りやすい分量）：鶏ささ身4本、水1と½カップ、酒大さじ3、塩小さじ½。鍋に水、酒、塩を煮立て、ささ身を加え、再び煮立ったら火を止めてそのまま冷ます。ほぐして用いる。

＊ご飯をよそい、具各種をのせて、冷やした味噌澄ましをかけていただく。

「自分で作って食べることが　すべての始まり」です。

土井　善晴

暮らしに必要な最小限の道具

新しい生活を始める時に、大事なことは、どんなふうに暮らそうと思うかです。それは、どんな人生を送るかに繋がり、自分の人生の土台にもなるのです。そして自分の土台を作る暮らし方に沿った最小限の生活道具を揃えることは、重要なことです。仕事や勉強に集中したいと思うなら、一汁一菜というスタイルを提案します。味噌汁（おかずを兼ねる）を中心にして主食にご飯、麺やパンという食事です。

自分の暮らしのリズムを壊さないために、何も考えなくても、さっと作れて、きちんと食べられる。手と頭を自動的に連動させるトレーニングにもなる。それに季節だって感じられます。そうした毎日おなじことの繰り返しが、何より感性をとぎすませてくれるのです。食は極めれば美の問題だから、食を大事にしていれば、美意識がよくはたらくようになるので、感じなかったことが感じられるようになって、見えないものが見えてくるはずです。正解はいつも美しいもの、数学だってそうでしょう。自分を大切にするなら、これ以上、合理的なスタイルはありません。どうぞ味噌汁を信じてください。

そのために必要な道具は、鍋・玉じゃくし・包丁・飯碗・汁椀・小皿・箸・お膳（コンロ・冷蔵庫）だけでいいのです。

鍋は一人暮らしでも、厚手のよいものを選びます。もちろん長く（一生でも）使えるし、鍋の厚さが熱量を大きくして、食材をいたわってくれるのがよいのです。薄い小さすぎるお鍋は、素材を傷つけて味を落とすばかりか、身体にもよくないと思います。

お膳は、お膳の内側と外側を区別して、内側にお料理がのる清らかな場を作ってくれます。家族なら、一つの食卓を共有することで、食卓がお膳の役割をしています。お膳の上をきれいに整えた食事は、気持ちが改まります。

器は飯碗、汁椀、おかず皿があれば、一汁一菜が実践できます。これを一つ組みにした（入れ子の）三つ椀、四つ椀があります。禅宗の僧のようにごくシンプルな片付いた暮らしです。

和食では、ご飯茶碗が一番大きなものを使い、次が汁椀です。この頃はご飯を食べる量が少なくなって、ご飯茶碗が随分と小さくなりました。一汁一菜にした時は、昔のようにご飯茶碗を大きくしてしっかりご飯をよそうようにすると、見た目だけでも満足できると思います。

ご飯が左手前、味噌汁は右手前、おかず（取り皿）は向こう側に置き、箸を手前に真横に置きます。箸置きはあってもなくても構いません。ない場合はお膳の縁を箸置きとして使います（お膳に入らないおかずがあれば、お膳の外に置いて、食べる時にお膳の内側に入れます）。

飯碗と汁椀が揃っていれば、皿を変えると変化がつきます。気に入ったお皿が美しく強調されます。向こう側にあるお皿を変えるなどの変化（季節、暦、自分事の行事、美意識）によって、ときどきの食事の場面に情緒が生まれます。

お料理すること

この本を手にとられた人は「お料理しよう」、「お料理したい」って、思われているんだと思います。

今では、食べられるものは、いくらでも売っているんだし、「お料理なんかできなくてもいい」って思うんですね。でも多くの人が「お料理したほうがいい」って、たぶん、知っていると、わかっているんだと、思います。

「そんなこと今どきだれもやらないよ」「買えばいいんだよ」「そんなにがんばらなくてもい

いよ」って、やさしく言ってくれるんです。でも、「少しは　がんばった方がいい」ってことも、みんなわかっていると思います。世間はいつも足を引っ張るし、誘惑するんですね。

どうして、お料理はした方がいいのか、考えてみました。

若いうちは「がんばれ　がんばれ」って励まされると思います。大人も自分でがんばろうって思います。でも、いったい何をがんばればいいのか(?)難問です。勉強する、身体を鍛える、本を読む、ダイエットする……それってどれも特別なことだから、気持ちが忙しくて、どれもできないって時期もあるでしょう。

偉い人になりなさい、立派な人間になりなさい、なんて、昔はよく言われたもんだけど、今でもそんなこと言われるのかな。でも、だからどうすれば偉く、大きくなれるのかは教えてくれなくて「お前は何も考えるな、俺(先輩)の言う通りにやりなさい」「勉強してればいいんだ」って。

何かになるために、どんな仕事でも、いいやり方、教育はそれぞれにあると思うけれど、まずは、立派な学問(?)を、乗っける土台がないといけないんです。それは、未来の自分が乗っかる土台になるのです。

土台は、人間の基礎、根本です。自分の中に土台ができたらすでに変身しているんですね。それは、ぶれないもので、だれにも奪われないものです。

今、私は地球の未来のことが心配で、自分の仕事や考えてきたことが、何かの役に立てればいいなと思っています。だから、ここで話そうと思います。

人間はいきいきと生きていくためには、自由でないといけません。何かに拘束され、指示されて、やらされるばかりって、ぜんぜん楽しくないでしょ。

自由には、責任が伴なうもんですけど、自由って、自分で判断できることです。人が決めるんじゃなくて、自分で「いいか、悪いか」を判断して、決めて、行動することです。

それに、自然物や身の回りの物の中に、自分できれいなものを見つけることができて、いいなあって感じられることも、自分で判断することなのです。

大きなことは後回しにして、最初は小さな自分の身の回り、身近なことの中でいいのです。それは、自分の命を自分で守ることにも繋がります。自分にとっていいものに気づくということは、自分にとって悪いものがわかるということだからです。

自分でわかるってのは、判断することで、それは自立です。自由になるには、自立しないと。自立しないと自分で何も決められないということなんですね。

小さなことから、だんだん大きなことがわかってきます。そのためには、毎日のことで、一番身近な、「食べる」ということを、大事にすることなんですね。

だから、「自分で作って食べる」ことが、すべての始まりです。

自分の食べるものを、自分で作ることは第一の自立です。お料理には、不思議な力があるんです。料理は愛情って言われます。自分で料理すれば、自分を大切にすること、自分を守ること。家族を守る力。命を育む力があるんです。

頭のいいゴリラでも料理はしません

ゴリラは自然の一部です。あたりまえですが、人間も自然の一部です。動物にとって、ものを食べて消化するのは、とてもエネルギーがいるんです。

人間は「料理する動物」です。人間が料理する意味は、消化の外部化による合理化です。動物は、生のものを噛み砕いて、飲み込み、胃液で溶かして殺菌し、腸で栄養を吸収して、排泄する。人間は、硬い肉を噛む代わりに、包丁で食べやすく切る。胃で消化する代わりに、煮炊きして、タンパク質を分解して柔らかくし、繊維を破壊して噛み切りやすくし、また殺菌する。

料理は、きびしい自然界で弱い人間が生き残るための戦略でした。手を使い、道具を使い、火を使い、食べられないものを、食べられるものに変える技術（料理）を見つけたのです。

火を使えば、暗い夜も明るく、寒い冬も暖かく、怖い動物は火を恐れて近づかない。火を使えばおいしい料理ができる、火は人間を守ってくれるから、じっと火を見ていると、心が安らぐんだと思います。

料理という行為の発見以来、人間は、火と自然物を使って、頭でイメージしたいろんなものを、作るようになりました。

手の代わりになる道具。そして強い機械、早い機械。ものを作るようになって、言葉の数は増えて複雑になりました。考えたことを書き留める文字、言葉を集めた本、超スピードで情報を整理するコンピューター。喜びを共有する祭り……そして芸術。いろんなものを作りましたが、そのすべての始まりはお料理なんです。

お料理は人間の創造の始まりです。

人間の土台はどんなふうにできるのか

料理する時、自然やスーパーマーケットでいい食材を見つける、触れる、匂いを嗅ぐ、音を聞く。手を使い、頭で調理の時間、段取り、組み合わせをふまえて食事の献立を構想する。またあらたに感覚所与の経験を記憶する、人間の創造のぜんぶが料理にあるんですね。

毎度の経験の蓄積(記憶)は、脳だけじゃなくて、その大部分を身体中の神経に記憶するんです。スポーツ選手ならボールを打つこと、蹴ることがうまくなる。できなかったことができるようになる、わからなかったことがわかるようになる。

それって、無限の経験という神経の記憶が時空を超えて、今の瞬間に、新しい刺激に反応し、無限の記憶と連動し、正しく反応(対処)するようになることです。

経験の反復というトレーニングが、記憶の連想力、構成力を、日々強化していくのです。

料理する時、食材を見て、調理の音を聞いて、周辺にいた人の声を聞いて、食べる人のことを思って、いい匂いを嗅いで、たとえば、お肉の硬さを確かめます。視覚と触覚とを連動させ、記憶と統合して……身体のどこかは知らないけれど……細分化された記憶のマップを作っていくのです。

記憶のマップと繋がる万能のセンサー（視覚、聴覚、触覚、嗅覚)を使って、熟練した人間はだいたいこんなもんだなって……記憶のマップをたぐっていくと……チラリと見ただけで予測できるようになるのです。しかも瞬間的に……そんなことを想像しています。

その予測は別に計量しなくても、数値化しなくても、間違いないとわかる、確信的に、直観的にわかるのです。

だれでも生まれた時から、今日まで、ずっと作り続けた記憶のマップは、複雑な情緒……思い出の時間……と関わって、とても綿密に豊かに蓄積されるのです。

そのおかげで、人間はいろんなことを事前に予測して、準備する(備える)ことができるようになるのです。私たちは日常的にご飯を食べる時は、おいしさを……無意識に期待して……予測して食べているのです。

私たちはあらゆる経験から、経験の蓄積をして、それを土台にして、いろんなことを判断できるようになれるんですね。年齢を重ねれば、見ただけでも、予測できるようになるでしょう。これはいつまでも進歩し続ける、衰えない人間のすごい能力だと思います。

まだ結果がわからないことも、予測してどっちか決めること、「良いこと」「良くないこと」を区別する。そのためには「基準」がないと判断できません。判断する人間は身体の中に、たくさんの定数の一《いち》という基準を持っているのです。

普遍性のある間違いのない基準とは、地球に、自然に繋がっているのです。基準を持つことが、土台ができるってことなのです。

最初は身の回りの小さなことから始まって、だんだん複雑で大きな問題でも、判断できるようになるのです。土台の上に、科学、哲学、正しい学問はきちんと繋がっている……、乗っかるものです。うまく乗っからないものは怪しまないといけません。だから、その土台は、正しい土台でないといけません。家の柱の下にある、地面の下の土台が肝心です。土台は、人間の器とも言えますね。料理することで、人間の器ができるのです。

家族は自分、自分は家族

　お料理すること（人）は、食べること（人）、と繋がっています。ですから、家のご飯を食べることは、自分が料理するのと同じ意味があるんですね。家族（のこと）と自分（のこと）は、同じこと。ですから、一人暮らしで自炊すること、料理するのは、自分のためになるって、わかっていただけたでしょうか。

　男と女が結ばれて、お料理して、子供ができて、一緒に暮らして、お料理して、一緒にご飯を食べて、家族です。家族の中では、だれが料理をしてもよくて、みんながそれを食べればいいんです。料理することが家族の土台になって繋がって、その上にまた、一人一人の土台が積み上がっていくのです。

料理があるから家族です。家族が作って、自分が食べる。自分が作って家族が食べる。家族はひとつだから、家族は自分、自分は家族です。お料理することで家族は家族でいられます。料理が家族を繋ぐのです。もっと言えば、料理して食べるという関係に、新しい家族も生まれるのです。

家族は、料理する人を大切にしてください。家の中で一番大切なところは料理する台所です。最初に話しましたが、今では、料理をしない家があるそうです。食べるものは買えばいいと言うのです。寂しいことですが、人それぞれでいいのです。大人は自分で決めてください。人それぞれ、自分で判断すればいいことです。ただ、子供たちには家庭料理が必要です。料理のない家にいる子供は、自分で料理してください。がんばってください。応援します。

料理して食べることが大切ですから、味噌汁とご飯でいいですから、自分で料理して、自分で自分を守って、自分を育ててください。

料理と地球

２０２０年以来の新型コロナウイルス、パンデミック……。これまでの人間の過剰な欲望による環境汚染、二酸化炭素排出などで、地球の温暖化がもたらした異常気象の巨大台風、大雨、洪水、山崩れ、旱魃といった極端現象による大災害。人間のおこないの最初の被害者は地球です。地球という大きな命が苦しんでいるのです。人間は自然の一部ですよね。だから、私は地球、地球は私です。人間は地球とともにあるのです。唯一の住処、地球を救いたいと思います。地球を助けることは、自分を助けることですね。子供たちを愛しているのなら地球を救ってください。人それぞれの都合があるという論は、もう言えません。みんなが少しずつリスクをとる覚悟をすることで、希望が生まれます。

人間だけが破滅から逃れるわけにはいきません。私たち一人の人間に何ができるでしょう。

マザー・テレサに一人の男が尋ねました。

「地球上に起きている環境問題、人間の争いごと。この人類の危機、私に何かできることはないでしょうか」

マザー・テレサは、その男に向かって言いました。

「早く帰って家族を愛しなさい」

本当に人間一人一人が、それを実行すれば、多くの地球の問題は解決するのでしょうね。

料理する時、何を作るかは、まず素材ありきです。春、夏、秋、冬、それぞれの季節に野菜や魚介の食材があります。料理をするって、食材という自然に関わること。料理は人間が地球で生きる作法だと思います。料理は小さくてあまりにも身近なものですが、一番大きな地球とともに循環しているのです。

人間は料理する動物です。人間に生まれたのですから、料理はだれにでもできます。一汁一菜ならだれにでもできますね。

稲と大豆

東アジアの孤島に住む人々（現日本人）は、大昔から自然と共存共鳴して暮らしてきたのです。大昔からある自然信仰と海の向こうからやってきた稲作文化がひとつになって生まれ、育まれてきたのが日本の和食文化です。

稲を育て、稲刈りして、収穫し、天日で干す。脱穀して、稲穂から籾を取る。籾すりして、籾殻を除いて、玄米にする。玄米を精米して、白米ができる。白米を炊いてご飯ができます。

夏の初めに田植えして、秋に収穫する稲作の仕事を柱に、祭事を節目として人々は協力しあい、自然に感謝して日本の暮らしができたのです。

米を炊けばご飯。ご飯についた黴（かび）が麹菌、蒸したご飯に麹菌が繁殖したのが米麹（こめこうじ）です。

昔は田んぼの周囲に大豆を植えていました。稲と大豆は仲良しです。大豆とは、夏に食べる枝豆のことで、秋になれば熟し、干されて白っぽく丸くなったのが乾物の大豆です。ちなみに大豆を煎って粉にしたのが、お餅や団子にかけるきなこです。

味噌の材料は、茹でた大豆と米麹と塩。発酵して、長期熟成したのがお味噌です。具を煮た鍋に味噌を溶けば味噌汁です。湯に味噌を溶いただけでも味噌汁です。

玄米を精米する時に出た粉が米糠（こめぬか）です。米糠に塩と水を入れた漬け床に、野菜を入れて、発酵したのが糠漬けです。

汁飯香の汁はお味噌汁、飯はご飯、香はお漬け物。汁飯香（しるめしこう）と言えば語呂がいいでしょ。ぜんぶ稲と大豆から、生まれたものばかり。ぜんぶ自然から生まれたものばかりです。人間がおいしさを作ったのではありません。汁飯香のおいしさは人間技ではないのです。

自然の風景は毎日変化しています。山の景色も一輪の花も見飽きることがないのは、自然そのものだからです。昨日のお味噌と今日のお味噌は同じではありません、それは味噌が生きものだからです。自然は止まらずいつも変化します。同じじゃないから、自然物である汁飯香を毎日食べても飽きるなんてことはないのです。

自然は移ろう。季節が変わり、季節と一緒に変化する暮らし。どんなに忙しくても、汁飯香だけなら作れます。毎日同じ一汁一菜（汁飯香）に、小さな変化が見つかるでしょう。違いに気づくことが感性です。淡々と暮らす、毎日の暮らしの中で私たちは成長するのです。毎日同じだから変化に気づくのです。

汁飯香は一汁一菜。余裕があれば汁飯香にひとつおかずをつけて一汁一菜。ふたつつけて一汁二菜、みっつつけて一汁三菜です。

味噌は発酵食品

味噌（赤味噌）は、米麹と大豆と塩からできています。麹菌が大豆のタンパク質を分解して、塩がほとんどの雑菌をやっつけて保存性を高めます。そこで、塩の中でも生きられる麹菌や酵母菌などのさまざまな菌が……ほかのわからない菌もある……共生して、タンパク質を分解しながら、人間に必要なさまざまなミネラルやビタミンを産生し、同時に人間が好む複雑な旨みや香りを生むのです。人間の目に見えない菌がはたらいているのが発酵です。味噌が生き物であるというのは、味噌壺の中は、変化する自然、一つの宇宙のような未知の生態系があるからです。

発酵食品の健康効果はよく知られていますが、中でも味噌は、日本人の健康の要として、それぞれの地方、それぞれの家で大切に守り継がれてきたものです。

人間は食べることで地球と繋がることがわかります。味噌汁を飲むことで、目には見えない菌とも繋がっているのです。

人間の内なる自然

人間の身体の中に自然があることを知っていますか。それは人間が腸内細菌と言われる別の生きもの、菌類と共生していることです。ヒトの腸内に住む菌(腸内細菌)は、数百種類、約100兆個いると言われています。それらの菌は、その種類ごとに集団を形成しながら住んでいます(腸内フローラ)。それほどたくさんの菌がいるのです。私たちが食べたものから栄養を摂って、元気に生きています。それが人間の内なる自然です。

でも、それほどたくさんの菌がいますから、まだ人間にはよくわからない、知らないのです。

よく耳にするのは、乳酸菌がたっぷりいるヨーグルトがお腹にいいとか、日本人ならお味噌がいいという話も聞きますね。でもわかっているのは、ほんの少しだけ。内なる自然は環境によって変わるからです。環境とは地球の環境です。人間の外から内にもたらされるのが環境です。太陽の光、空気や水もそうですが、人間が一番大きな影響を受ける環境とは食べものです。人間の消化器って外の世界と繋がっているでしょう。だから胃も腸も体内じゃなくて、皮膚と同じ体外と言うそうです。

私たち人間も自然の一部ですから、一人一人みんな違いますし、歳を重ねれば細胞も筋肉も変わっていくし、食べるものが変われば、お腹の具合も変わるのです。変わり続けて、一つ一つの細胞が生まれ変わるから、私たちは（死ぬまで）生きられるんです。

身体の声を聞く

何もわからないから、知らないから、良さそうな情報を信じないと仕方ないけど、少しわかっただけの情報を、ぜんぶ信じてはいけないことはわかります。

では何を信じますか。自分の身体が感じることを信じてください。それは現実です。

食事の「食べる」は、おいしいってことだけが重要ではありません。飲み込んだ後、気持ちよくなったり、逆に気持ちが悪くなったりすることがあるでしょう。健康というのは、よく運動して、働いて、お腹をすかして、ちょうどいいご飯を食べて、よく眠ること。食べてから身体の外に出るまでが、食事です。頭で考えるだけじゃなくて、自分自身の身体の声をよく聞いてみてください。感じるってとても大切なことだと思います。

腸内細菌には、人にとって良い働きをする有用菌だけでなく、発癌物質や毒素を作ったり、腸内腐敗を起こしたりする有害菌も住んでいます。有用菌と有害菌、さらに中間的な菌が微妙な関係によって、腸内フローラが形成されています。健康を維持するためには、より良いバランスを保つことが大切です。

毎日変わる　身体とお味噌

若い頃は何を食べても大丈夫って思っていました。若い人はお元気ですね。食べ物って、自然物だから変化(劣化)します。腐敗菌の働きでたいていのものは2～3日で腐ります。だけど、化学技術の進化のおかげで、腐らない食べ物もたくさんあります。腐敗菌が働けないように、薬を入れて殺したり、増えないようにしているのです。そんな商品（食品）はいくらでもあるでしょう。それらは刺激的で、やめられないおいしさで、私たちを誘惑するんですね。そういうものを食べても、元気でいられるのは、若い身体は強いからです。でも、ずっとそれを食べていたら、人間には消化できない毒素が身体に溜まっていくかもしれないし、善悪のある腸内細菌の世界（腸内フローラ）に悪が蔓延するかもしれません。ただ、身体がだるい、調子が悪い、ご機嫌が悪い、やたら腹が立つ、やる気がないという原因不明の病気になるかもしれません。

人間のお腹の中と、お味噌ってなんか似ていると思いませんか。いいお味噌はいい匂いがするし、おいしいし、加熱しても刺激に強くて、安定しているのです。味噌樽の微生物の生態系がいきいき活動して生まれ変わって、時間をかけて味噌はおいしくなるのです（熟成）。

昨日の味噌と今日の味噌は違います。あなたの昨日の身体と今日の身体も違うものです。

味噌汁から考えること

湯に味噌を溶けば、味噌汁です。よく醸された味噌なら、味噌そのものが旨みだから問題なくおいしいものです。少し塩気を感じますが、それはご飯とのバランスで解決します。

ちなみに、ご飯に味噌を乗せればおかずになり、そこに、お茶をかければ、味噌茶漬け、お鍋で煮れば味噌雑炊です。

「味噌をお湯で溶く」、溶いたものという基本から、その先は、自分で目的に合った方法を、思い思いに(組み合わせて)プラスして味噌汁は発展させることができるのです。自分で工夫すればいいと思います。

繰り返しますが、味噌汁がおかずになるように、「油の旨み」と「コク」を出したければ、具材を植物油で炒める。だしの出る食材(きのこ、油揚げ、ベーコン、脂のある肉、魚)を入れる。一方、味噌汁だけを味わいたいなら、だし汁(昆布、煮干し＋水)に味噌を溶く。……という具合です。

このように、時と場合によってさまざまな味噌汁があります。

皆さんがさまざまな味噌汁のイメージを頭に描くことができれば、時と所と場合に応じた味噌汁を作れるということになります。頭に思い浮かんだものを実現するのが人間です。

将来、自分がどんなふうになりたいかを想像してみてください。自分の人生と味噌汁を一緒にするのはどうかと思いますが、将来をイメージすることで、実現する確率はグンと上がるのだそうです。予測が現実と繋がって、実現しやすくなることは心理学的に証明されているそうです。これを「予測の自己実現」と言います。

ひと椀の中のお味噌汁の世界は、とても小さいですが、そこには無限の変化と可能性があります。それを「有限の無限」と言います。味噌汁の工夫だってクリエーションだと思います。経験の積み重ねというトレーニングになります。

厳密に言えば、二度と同じ味噌汁は、作れません。

味噌汁のおいしさは人間が作るものではなくて、生まれてくるものです。

味噌汁を作ることは、お料理することです。繰り返します。一汁一菜は手抜き料理ではありません。日本の食文化……自然と人間がうまくやっていくための知恵……にあるお料理の始まりです。

お料理を始めると、味噌汁を作ることに含まれる「基本の調理」から、これを繰り返すうちにだんだんわかってきて、いろいろなお料理ができるようになります。「野菜を炒めて、水を入れて、味噌を溶いた味噌汁」から始まって、炒め物ができるようになる。「お芋を茹でて、味噌を溶いた味噌汁」を煮詰めれば、お芋の味噌煮ができます。煮物に繋がりました。お料理とはそんなもんです。いろいろな料理を早く作れるより、ゆっくりきちんと作ることの方が尊いと思います。

疲れてお料理をする元気がない時、どうすればいいですかって、聞かれました。そんな時は早く寝ることです。疲れを癒すことが大切です。誰もあなたを咎めません。恥じることも、心傷めることもありません。そういうものです。

つらくて、何も食べたくない、食べられないという人がいました。自分で野菜を使って味噌汁を作ってみてください。そこに貴方を傷つけるものは何ひとつありません。

お料理することに慣れてください。最初からできる人はだれ一人いません。だれかがするのを見て、真似すればいい、よく見てください。必ずできるようになるものです。

一人でお料理やってみることで、その経験を生かして、だんだん、いろんなことを身につけてもらえたらいいなと思います。お料理することは自立することです。自立して、自由になって、自分の人生を楽しくやってください。そして、好きな人にお料理を食べてもらってください。あなたは、すでに、その人を幸せにしているのです。それは愛ですね。

あとがき

土井 光

フランスから戻り、父の事務所で働いて3年が経ち、初めての父との共作本となります。ゆとり世代特有の心の強さで参加させて頂きましたが、父が気にかけている気がします。編集部始め、みそ健康づくり委員会の皆様、私にもお声をかけていただき、ありがとうございます。味噌汁の本なので、父のレシピ、私のレシピ、というよりは「おいしいもの研究所」（土井善晴事務所）で働いているスタッフの方々や家族の日々の生活で出てきたものをまとめた、という方がなんとなくしっくりきます。

最近はなかなかレシピ本を出すことがなかった父が、２０１６年に一汁一菜でよい、という考え方を世の中に提案しました。

まずご飯を炊くこと。味噌汁を作ること。シンプルですが原点に返った考え方。たくさんの献立、レシピと格闘していた世代の方々に深く刺さったと思います。

ただ平成世代の格闘はまた違うものとなっていると感じます。私たちの世代は冷凍食品やインスタントを使うことも抵抗がないし、テイクアウトや宅配などに助けを求めることも多々あります。献立が立てられない、作るのが面倒くさい、を助ける視点以外に考えられるのは、健康・

安全の視点ではないでしょうか。

美味しい時短レシピの情報は山のようにあるけれど、栄養価が高い簡単な料理ってなんだろう、と思っている若者は多いはずです。都会に住み、季節の素材を感じにくく、ＳＮＳの中にある無数の料理や健康情報に大混乱。好きな芸能人やインスタグラマーが発信する食生活を真似してみるものの、お金もかかるし、なぜかうまくいかず続かない。

さらにはコロナで自炊の時間は増える一方。

身体が喜ぶ、免疫力の高い食生活とは……と考えているだけで疲れてしまいます。

だからこそ、健康食品や情報を探し回るよりも、まず味噌汁を作ってみること、は何よりわかりやすい。

なんて美味しいんだ！と叫びたくなる、旨みの強い食べ物ではありません。ただ毎日続けられ、アレンジも加えられ、どんな身体の状況でもとりあえず口に含むことができる、唯一無二の存在であると思います。

20代、30代の世代が、日本の味噌という最強調味料を誇りに思い、お味噌さえあればなんとか生きていけます！　という心持ちがあれば。それだけで強い豊かな国への一歩になれるのではないでしょうか。昭和の皆さん、心配無用です！　と大きな声で言えるはずです。

その普及となれば、と思い参加させて頂きました。
そして土井善晴と私の人生で飲んできた味噌汁の大半は、私の母のものです。
母に心から感謝しています。
土井家の考え方が詰まった味噌汁が、少しでも皆さんのお役に立てれば幸いです。

土井善晴（どい・よしはる）　料理研究家

料理研究家・土井 勝の次男。
芦屋大学卒業後、スイス、フランス、大阪で料理修業。土井勝料理学校勤務の後、１９９２年に独立、「おいしいもの研究所」代表。十文字学園女子大学特別招聘教授、甲子園大学客員教授、東京大学先端科学技術研究センター客員研究員。１９８７年より『きょうの料理』（ＮＨＫ）などに出演する。著書に『一汁一菜でよいという提案』『くらしのための料理学』『土井善晴のわが家で和食全１０１巻』『土井善晴の素材のレシピ』『料理と利他』など多数。

土井 光（どい・ひかる）　料理研究家

料理研究家・土井善晴の長女。
白百合女子大学でフランス語学を専攻、その後フランス・リヨンにあるL'institut Paul Bocuseでフランス料理とレストランマネージメントを２年半学び卒業。三つ星レストラン「ミッシェル・ゲラール」「トロワグロ」で料理、リヨンの老舗ショコラティエ「ベルナション」でパティシエとして勤務。在仏歴７年。２０１８年より「おいしいもの研究所」在籍。料理講習会のフランス語通訳やフランスと日本文化を繋ぐイベント参加なども行う。本書が初の共著となる。

料理、文　土井善晴
土井 光
撮影　ジョー
スタイリング　西崎弥沙
料理　平澤陽介
土井規代
ブックデザイン　林 里佳子（TSDO Inc.）
MISOシンボル製作　佐藤 卓
田上亜希乃（TSDO Inc.）
イラストレーション　三宅瑠人
DTP協力　株式会社明昌堂
協力　みそ健康づくり委員会
校正　株式会社円水社
編集部　川崎阿久里

お味噌知る。

発行日　2021年11月10日　初版第1刷発行
　　　　2022年9月25日　　第7刷発行

著　者　　土井善晴　土井 光
発行者　　竹間 勉
発　行　　株式会社世界文化ブックス
発行・発売　株式会社世界文化社
〒102-8195 東京都千代田区九段北4-2-29
電話：編集部 03（3262）5129／販売部 03（3262）5115
印刷・製本　中央精版印刷株式会社

ISBN 978-4-418-21317-7